Katharina Adams

Blumengarten

KOSMOS

Gestaltung

Üppige Blumen, bunte Beete, Blütenpracht das ganze Jahr? Mit der richtigen Planung, standortgerechten Pflanzen und den passenden Sorten bleibt das kein Traum sondern kann auch in Ihrem Garten in Erfüllung gehen.

Blumengärten

Gärten, die lediglich aus einer Rasenfläche und einer umgebenden, meist immergrünen Gehölzhecke bestehen, gibt es zum Glück immer seltener. Denn einem solchen Garten fehlt die Seele, er sieht immer gleich aus, man spürt nicht den Wechsel der Jahreszeiten, der vom wechselnden Blütenflor begleitet wird.

Wer seinen Garten mit allen Sinnen genießen will, pflanzt Beete voller Blumen und blühende Sträucher, die duften und Schmetterlinge und Bienen anlocken. Auch die kleinsten Gärten lassen sich mit Blütenpflanzen attraktiv gestalten. An der Terrasse können Sie ein Beet anlegen, das durch eine ausgewogene

Sommerliches Staudenbeet mit Sonnenbraut in verschiedenen Blütenfarben.

Attraktive Kombination aus einjährigen Sommerblumen und Gräsern.

In buntem Mix zusammengepflanzte Stauden sind typisch für Cottagegärten.

Kombination von Stauden, Saisonpflanzen und kleinen immergrünen Gehölzen zu jeder Jahreszeit einen erfreulichen Anblick bietet. Geeignete Pflanzen gibt es für jeden Standort im Garten. Unter Gehölzen fühlen sich Schattenstauden und Farne wohl. An der Stelle, an der die Reste von Sand und Steinen vom Hausbau im Untergrund lagern, finden Steppenstauden ideale Lebensbedingungen. Statt mit einer eintönigen Koniferenhecke lässt sich der Garten mit einer bunten Hecke aus verschiedenen Blütensträuchern einfrieden, die je nach Jahreszeit durch Blütenschmuck, farbige Beeren oder eine auffallende Herbstfärbung beeindrucken. Und im Vorgarten begrüßt ein formales, mit Buchs umrandetes Beet mit einer Hochstammrose in der Mitte die Gäste. Beete können so verschieden sein wie die jeweilige Gartensituation und die Pflanzen, die darin wachsen.

Blumenbeete heute

Nach wie vor gilt die Anlage einer perfekten Staudenrabatte als höchste Kunst des Gärtnerns. Natürlich können die Beete nicht mehr die Dimensionen früherer Zeiten haben, zumindest nicht im privaten Hausgarten. Ebenso muss man Abstriche machen, was die Pflegeintensität angeht. Der heutige Anspruch geht mehr in die Richtung, dass eine Rabatte zu jeder Jahreszeit attraktive Elemente aufweist. Durch geschickte Kombination von Stauden, (immergrünen) Gehölzen, Zwiebelblumen und auch einigen Sommerblumen kann der Garten mehrere Höhepunkte im Jahr bieten. Achtet man bei der Auswahl der Pflanzen zusätzlich darauf, dass sie in etwa die gleichen Ansprüche an Boden und Lichtverhältnisse haben, hält sich der Pflegeaufwand in Grenzen.

Geschwungener Kiesweg zwischen Beeten mit Salbei, Woll-Ziest und Blauraute.

Bunter Staudengarten Nach allgemeiner Definition sind Stauden langlebige krautige Pflanzen, die mit Hilfe ihrer unterirdischen Organe überwintern und deren Laub und Blüten sich jedes Jahr neu daraus entwickeln. Der Übergang zu Gehölzen auf der einen Seite und Ein- und Zweijährigen auf der anderen Seite ist dabei fließend. Einige Halbsträucher wie Lavendel oder Echter Salbei werden häufig wie Stauden behandelt, und etliche Zweijährige verhalten sich wie kurzlebige Stauden, wenn man sie zurückschneidet, bevor sie Samen ansetzen können. Auch viele Einjährige sind in ihrer wärmeren Heimat Stauden, erfrieren bei uns aber regelmäßig und werden jedes Jahr neu ausgesät. Zwiebel- und Knollenpflanzen sind im weiteren Sinne ebenfalls Stauden, sie zeichnen sich lediglich durch die besondere Form ihrer unterirdischen Organe aus. Stauden sind ungeheuer vielfältig: Ihre Gestalt reicht vom polsterförmigen Zwerg, der in unzugänglichen Felsspalten wächst, bis zur zwei Meter hohen, straff aufrecht wachsenden Prachtstaude. Durch diese Vielfalt finden wir für beinahe jeden Verwendungszweck und jeden Standort passende Stauden, die sich mit Geschick und Fantasie zu eindrucksvollen Pflanzungen kombinieren lassen. Natürlich spielt der persönliche Geschmack bei der Zusammenstellung eine wesentliche Rolle, aber es ist auch wichtig, einige grundlegende Gestaltungsregeln zu berücksichtigen, um harmonische und trotzdem spannungs- und abwechslungsreiche Staudenpflanzungen zu erhalten.

Vielfältige Beetformen Ob ein Staudenbeet harmonisch und interessant wirkt, hängt neben der Pflanzenkomposition auch wesentlich von der Platzierung und der Form im Zusammenspiel mit der gesamten

Gartenanlage ab. Ebenso wie mit Gehölzhecken kann man einen Garten auch mit Beeten und Rabatten in einzelne Teilbereiche gliedern und ihn so interessanter gestalten. Dem Auge des Betrachters erschließt sich auf diese Weise nicht der ganze Garten sofort auf einen Blick, vielmehr gibt er seine Geheimnisse und Glanzpunkte erst beim aufmerksamen Durchschreiten nach und nach preis. Von verschiedenen Standorten aus ergeben sich so immer wieder neue abwechslungsreiche Eindrücke.

Durch die üppigen Pflanzen werden die geraden Konturen des Plattenweges aufgelockert.

Frei geformte Beete Sehr viel zwangloser wirken frei geformte Beete. Beliebt sind zum Beispiel nieren- oder halbmondförmige Beete, an denen sich wunderbar geschwungene Wege entlangführen lassen. Auch langgestreckte Beete lassen sich auf diese Weise als dynamische Bänder gestalten. In der Natur kommen ganz überwiegend unregelmäßige und abgerundete Formen vor, daher wirken derart gestaltete Beete niemals deplatziert, sondern werden spontan als harmonisch empfunden.

EXTRA

Immer eine Zierde: Gräser

Die Palette der Gräser reicht von bodendeckenden Zwergen bis hin zu ornamentalen Riesen. Die Ahnenreihe der heutigen Sortimente lässt sich bis in die Urzeit zurückverfolgen. Viele Arten werden auch heute noch nahezu identisch mit der Wildform im Garten verwendet, während von anderen Arten eine große Auswahl an Sorten gezüchtet wurde. Die Vielfalt der Gräser zeigt sich vor allem in Farbe und Form der Blätter, aber auch in den unterschiedlich langen, zierenden Blüten- und Fruchtständen. Durch ihre eleganten Blattlinien und die Formschönheit der Blütenrispen und -ähren können sie als prägende Elemente und Solitäre im Garten verwendet werden, aber auch eine verbindende Funktion zwischen verschiedenen Pflanzengruppen erfüllen. Gräser zeigen im Wechsel der Jahreszeiten immer wieder ein anderes Gesicht. Im Sommer faszinieren die oft filigranen Blütenstände, im Herbst bunte Laubfärbungen, und im Winter kann man sich an den mit Raureif geschmückten Horsten erfreuen.

Gestaltungsregeln

Bei der Planung von klassischen Staudenrabatten sollten verschiedene Aspekte berücksichtigt werden, damit man eine ansprechende Pflanzung erhält. Die folgenden Grundregeln dienen als Hilfestellung, um die Planungen zu erleichtern.

Höhenstaffelung

In den klassischen Staudenrabatten werden die Stauden in ihrer Höhe gestaffelt gepflanzt. Das bedeutet, dass die niedrigen Arten und Sorten im Vordergrund wachsen, dahinter folgen mittelhohe, und im Hintergrund werden die „Riesen“ platziert. Besonders wirkungsvoll ist eine solche Höhenstaffelung, wenn sich die Rabatte vor einer Mauer oder einer Hecke befindet, vor der sich die Blütenfarben besonders gut abheben. So kommen zum Beispiel zarte Pastellfarben vor einer dunklen Eibenhecke oder einer roten Backsteinmauer am besten zur Geltung, während leuchtende Rottöne gut mit einer hellgelb gestrichenen Wand oder einer grau verwitterten Mauer korrespondieren. „Riesen“ platziert, deren Gestalten meist auch für kräftige vertikale Akzente sorgen.

Klassisches Staudenbeet mit nach Wuchshöhe gestaffelten Staudengruppen.

KOSMOS **TIPP**

Um eine bessere Vorstellung zu gewinnen, ist die Erstellung eines groben Pflanzplanes eine gute Hilfe. Tragen Sie auf einem Blatt Papier ein Raster ein und experimentieren Sie ein wenig mit Formen und Farben, damit Sie ein Gefühl für passende Kombinationen erhalten. Danach können Sie sich die passenden Stauden anhand von Katalogen heraussuchen und die Rasterung im Großformat auf das reale Beet übertragen. Als Anregung können Sie auch Botanische Gärten und Gartenausstellungen besuchen.

Inselbeete

Für Beete, die mitten im Rasen angelegt werden oder von zwei Seiten zugänglich sind, gelten im Prinzip die gleichen Regeln. Nur pflanzt man hierbei die höchsten Stauden in die Mitte und die niedrigeren zu den Rändern hin. Neben dem ästhetischen Aspekt hat die Höhenstaffelung im Beet auch den Vorteil, dass alle Pflanzen genügend Licht erhalten und „innen" stehende, niedrige Exemplare von den höheren nicht zu sehr beschattet werden.
Einzige Ausnahme von der Regel: Im Frühling blühende Zwiebelblumen, die in die Rabatte integriert werden, sollten in den mittleren Bereich gepflanzt werden. Zu ihrem Blütezeitpunkt sind die frisch austreibenden Stauden noch niedrig, und später wird ihr einziehendes Laub besser von den nun wachsenden Stauden verdeckt.

Harmonische Pflanzung

Damit das Beet harmonisch, aber trotzdem nicht langweilig wirkt, pflanzt man die Stauden am besten in größeren und kleineren Gruppen, die sich rhythmisch wiederholen.

EXTRA

Sichtachsen und Gartenzimmer

Ein rechteckiger oder quadratischer Garten mit schnurgeraden Beeten an allen Grenzen und einer Rasenfläche in der Mitte ist einfach nur langweilig. Ihm fehlt jeglicher Höhepunkt. Ist der Garten jedoch mit Hilfe von Hecken oder Pergolakonstruktionen in einzelne „Zimmer" unterteilt, können auch darin befindliche lang gestreckte Beete immer wieder überraschend wirken. Bekannte englische Gärten wie Sissinghurst sind nach diesem Prinzip aufgebaut. Jedes „Gartenzimmer" ist farblich ganz individuell gestaltet. Einfarbig gehaltene Rabatten spielen dabei ebenso eine Rolle wie solche mit fein abgestimmten Farbkombinationen. Immer wieder beeindruckend sind auch die lang gestreckten Rabatten, bei denen sämtliche Farben des Regenbogens ineinander übergehen, ohne dass es an irgendeiner Stelle zu Missklängen kommt.

In diesem Beet beschränken sich die Farben auf einen Dreiklang in Blau, Weiß und Rot.

Besonders ausdrucksvolle, hohe Pflanzengestalten können auch einzeln gepflanzt werden. Sie werden als Solitärstauden bezeichnet und prägen die Wirkung eines Beetes ganz wesentlich. Durch ihre Höhe ist ihr Platz im hinteren Bereich. Zu den bekanntesten Solitärstauden gehören zum Beispiel besonders hohe Sorten des Rittersporns *(Delphinium)*, Chinaschilf *(Miscanthus)* und Fallschirm-Sonnenhut *(Rudbeckia nitida)*. Beim Pflanzen sollte man darauf achten, dass man ihnen genügend Platz für die Entfaltung lässt, damit sie sich ihrem Habitus gemäß entwickeln können.

Leitstauden und Füllpflanzen Eine besonders wichtige Rolle in der Rabatte spielen die Leitstauden. Sie sind für das optische Gerüst der Pflanzung zuständig und zeichnen sich durch ihre markante Gestalt und meist auch durch eine lange Blütezeit aus. Unentbehrliche Leitstauden sind beispielsweise Sonnenbraut *(Helenium)*, Staudensonnenblumen *(Helianthus)*, Pfingstrosen *(Paeonia)* und Rittersporn *(Delphinium)*, für den Herbstaspekt sind auch hohe Astern *(Aster novae-angliae* und *A. novi-belgii)* sehr wichtig. Die hohen Leitstauden werden umspielt und ergänzt von den sogenannten Begleitstauden. Sie sind niedriger und sollten auf die Leitstauden abgestimmt werden, was Blütezeit, Blütenfarbe und Wuchsform anbetrifft. Während durch die Leitstauden der vertikale Aspekt in der Rabatte betont wird, setzen sie horizontale Kontrapunkte, sodass ein spannungsreiches Zusammenspiel entsteht. Damit die gesamte Pflanzung dicht und geschlossen wirkt, werden zum Schluss noch die Füllpflanzen eingesetzt. Sie sind von luftigem Habitus und bleiben optisch im Hintergrund, erfüllen dabei aber eine wichtige vermittelnde Funktion. Viele Gräser gehören in diese Kategorie, ebenso solch filigrane Gestalten wie Schleierkraut *(Gypsophila)*, Frauenmantel *(Alchemilla)* und Lichtnelke *(Lychnis coronaria)*.

Zwiebel- und Knollenpflanzen Attraktive Zwiebel- und Knollenpflanzen fügen sich hervorragend in klassische Staudenrabatten, aber auch in Steppenpflanzungen oder Staudenbeete im Gehölzrandbereich ein. Sie werden bei der Planung genau wie Stauden nach Blütenfarben, Blütezeit und Wuchseigenschaften ausgewählt, um eine abwechslungsreiche Pflanzung zu erhalten. So lassen sich zum Beispiel hohe Laucharten *(Allium)* und Steppenkerzen *(Eremurus)* gut als vertikale Hingucker in einer ansonsten flächigen Steppenpflanzung einsetzen.

Sommerblumen und Stauden Viele Stauden benötigen ein paar Jahre, bis sie zu ihrer endgültigen Größe herangewachsen sind. Das heißt aber auch, dass man sie nicht zu dicht pflanzen darf, da sie sonst am Ende viel zu eng stünden und in ihrer Entwicklung gehemmt würden. Um schon von Beginn an einen geschlossenen Eindruck zu erhalten, ist es sinnvoll, die noch bestehenden Lücken mit Ein- und Zweijährigen zu füllen. Im ersten Sommer nach der Pflanzung wird man eine höhere Anzahl an Sommerblumen benötigen als in den Jahren danach. Wichtig ist, dass die Sommerblumen zwar die Lücken gut schließen, trotzdem sollten sie die noch jungen Stauden nicht bedrängen. Daher eignen sich entweder relativ niedrige Arten und Sorten oder solche, die sich durch eine lockere, luftige Wuchsform auszeichnen. Damit die Farbkomposition durch die Sommerblumen nicht durcheinander gerät, sollte man beim Kauf von Saatgut in jedem Fall auf Namenssorten oder farblich sortierte Auslesen zurückgreifen. Eine weitere Möglichkeit bietet die frühe Anzucht unter Glas, damit die Pflanzen bereits zum Sommeranfang blühen und man so keine Überraschungen erlebt, wenn sie bereits im Beet stehen.

EXTRA

Farben kombinieren

Farbe ist das Gestaltungselement, das bei der Betrachtung einer Pflanzung als Erstes wahrgenommen wird. Farben und Farbkombinationen erzeugen spontane Stimmungen beim Betrachter. Neben der grundsätzlichen Wirkung einzelner Farben können sich Farben bei der Kombination miteinander auch gegenseitig beeinflussen, also steigern oder dämpfen.
Je nach Zusammenstellung einzelner Farben wirken Pflanzungen harmonisch oder spannungsreich. Mit Hilfe des Farbkreises lassen sich Farbkombinationen herausfinden, die die gewünschte Wirkung entfalten. Im Farbkreis zeigt die Palette die 12 reinen Farben. Die Farben, die sich im Farbkreis gegenüberstehen, werden Komplementärfarben genannt und ergeben einen spannungsreichen Kontrast. Komplementärfarben sind zum Beispiel Gelb und Violett, Rot und Grün oder Orange und Blau.
Farben, die auf dem Farbkreis nebeneinander stehen, wirken zusammen harmonisch. Sie haben relativ viele gemeinsame Farbpigmente, während Komplementärfarben keine gemeinsamen Farbpigmente aufweisen.
Alle Farbtöne können zudem noch unterschiedlich durch Weiß aufgehellt sein und verändern dadurch ihren Charakter erheblich. Farbkräftiges Violett zum Beispiel verändert sich durch einen hohen Weißanteil zu einem pudrigen Lila. Beim Spiel mit Farbe haben Sie also drei verschiedene Möglichkeiten, an eine Pflanzplanung heranzugehen.

Die Lebensbereiche

In der Praxis hat sich die Einteilung in acht Lebensbereiche durchgesetzt, wobei der Lebensbereich „Wasser" für die Planung von Beeten keine Rolle spielt.

Gehölz

Hier fühlen sich besonders die Stauden zuhause, die in enger Beziehung zu Gehölzen stehen. Sie benötigen Schatten oder zumindest Halbschatten und bevorzugen humusreiche, eher frische Böden. Zu dieser Gruppe gehören einerseits heimische Waldstauden, die auch dauerhaft zwischen kräftigen Baumwurzeln existieren können, aber auch fremdländische Arten, die höhere Ansprüche an den Boden stellen, jedoch keine Probleme mit Gebäudeschatten haben, solange sie ausreichend mit Wasser und Nährstoffen versorgt werden. Auch viele im zeitigen Frühling blühende Geophyten (Zwiebel- und Knollenpflanzen) gehören in diese Kategorie. Sie nutzen die Zeit bis zum Laubaustrieb der Gehölze für ihre Blüte, um sich danach wieder zurückzuziehen und den später austreibenden Stauden den Vortritt zu lassen.

Unter lichten Gehölzen und am hellen Gehölzrand fühlen sich die meisten Zwiebelblumen sehr wohl.

Gehölzrand

Viele Bereiche im Garten sind zeitweilig im Schatten, zeitweilig aber auch der Sonne ausgesetzt. Am Rand von Gehölzen, an Mauern und Gebäuden bekommen die Pflanzen je nach Himmelsrichtung etliche Stunden Sonne, während sie den Rest des Tages im Schatten stehen. Unter lichten Sträuchern hingegen entsteht eher eine Art Filter, man spricht dann von Streuschatten oder lichtschattigem Standort. Die Bodenverhältnisse können im Halbschatten recht unterschiedlich sein, je nachdem, ob Konkurrenz durch das Wurzelwerk von Bäumen besteht, der Boden durchlässig ist oder nicht, oder ob Regenschatten durch Gebäudeteile verursacht wird. Viele Stauden, die diesem Lebensbereich zugeordnet werden, haben einen eher wilden, natürlichen Wuchscharakter, doch lassen sich auch viele robustere Prachtstauden hier einordnen.

Die meisten Farne kommen mit wenig Licht aus und bereichern Schattenplätze.

Mit Wildstauden lassen sich wiesenähnliche Pflanzungen realisieren.

Sonnige Freifläche

Je nach Bodenfeuchte kann dieser Lebensraum Steppen- oder Wiesencharakter besitzen. Wildstauden oder züchterisch wenig bearbeitete Arten und Sorten finden hier ihren Platz. In der Steppe fühlen sich auch zahlreiche Gräser wohl, die sich gut mit Stauden aus sommertrockenen amerikanischen Gebieten kombinieren lassen. Viele Vertreter dieses Lebensraumes sind empfindlich gegen dauernde Winternässe, sodass der Boden auf jeden Fall gut dräniert sein sollte. Schwerer Boden sollte mit reichlich Sand und Splitt aufbereitet werden. Auf nährstoffreicheren, frischen Böden lassen sich heimische Wiesenblumen mit Prachtstauden vergesellschaften, wobei man sich dabei jedoch auf eher wildhaft anmutende Sorten mit kleinen ungefüllten Blüten beschränken sollte. Sie sind in der Regel standfester als ihre hochgezüchteten Verwandten, die häufig aufgebunden werden müssen und auch vom Aussehen her allzu dominant sind.

Steingarten

Pflanzen für diesen Bereich sind meist kleinwüchsig. Viele wachsen auch kriechend oder polsterförmig. Neben dem eigentlichen Steingarten zählen auch Trockenmauern, Steintreppen und Geröllmatten zu diesem Lebensbereich. Die meisten Steingartenpflanzen bevorzugen Sonne oder zumindest einen überwiegend sonnigen Standort, es gibt aber auch Spezialisten, die auf absonnigen Mauerseiten hervorragend gedeihen und auf die dort herrschende höhere Luftfeuchtigkeit angewiesen sind. Viele Zwiebelpflanzen, die in vorderasiatischen Gebirgsregionen heimisch sind, finden im Steingarten ideale Bedingungen, denn hier kommt es auch in unseren oft regenreichen Wintern nicht zu Staunässe, die ihnen arg zusetzt.

Blütenpolster von frühlingsblühenden Steingartenstauden bedecken die Trockenmauer.

Alpinum

Echte alpine Pflanzen sind nur etwas für Spezialisten und Liebhaber, die die sehr spezifischen Ansprüche erfüllen können. Daher wird hier nicht näher darauf eingegangen.

Beet

Im Beet finden die zahlreichen dekorativen, züchterisch stark bearbeiteten Stauden ihren Platz. Die Bezeichnung „Beet“ ist dabei etwas irreführend, denn bei den anderen Lebensbereichen handelt es sich ja auch um Beete. „Prachtstaudenbeet“ oder „Rabatte“ trifft es vielleicht besser. Die Vertreter dieses Lebensraumes benötigen tiefgründigen, gut mit Nährstoffen versorgten, genügend feuchten, aber auch durchlässigen Boden, um gut zu gedeihen. Auch sind sie allesamt echte Sonnenkinder, die bei zu viel Beschattung kümmern und erheblich in ihrer Blühleistung nachlassen. Eine gründliche Bodenvorbereitung vor der Anlage einer Rabatte hat daher oberste Priorität. Auch der kontinuierliche Pflegeaufwand sollte nicht unterschätzt werden. Bei Trockenheit muss regelmäßig gewässert werden, hohe Stauden benötigen oft eine Stütze und viele Stauden müssen regelmäßig alle paar Jahre aufgenommen und geteilt werden, damit sie nicht abbauen und viele Jahre zuverlässig blühen.

Dahlie und Sonnenauge sind typische Vertreterinnen der klassischen Beetstauden.

In den feuchteren Zonen an Teich- oder Bachrändern gedeihen Sumpfstauden.

Die unübertroffene Vielfalt und Blütenfülle der Prachtstauden entschädigt aber in jedem Fall für die Mühe.

KOSMOS **TIPP**

Wenn man sich bei der Planung an den im Garten vorhandenen Lebensbereichen orientiert und die dafür geeigneten Stauden miteinander kombiniert, erhält man dauerhaft schöne Beete mit gesunden Pflanzen, und auch der Pflegeaufwand hält sich in vertretbaren Grenzen.

Wasserrand

Der Randbereich von Gartenteichen ist in der Regel feucht bis sumpfig, man kann sogar eine separate Flachwasserzone mit einplanen, deren konstanter Wasserstand etwa zehn Zentimeter betragen sollte. Auch für diesen Bereich gibt es eine Fülle von Stauden. Heimische Stauden, die in der Natur auf Feuchtwiesen wachsen, eignen sich für den Teichrand ebenso wie verschiedene Sumpfgräser. Zu den Spezialisten für den Wasserrandbereich gehören auffällig viele Stauden mit ornamentalem Blattschmuck und großen Blättern wie Pestwurz oder Mammutblatt.

Cottagegärten

In ländlichen Gärten war es schon immer Brauch, das Nützliche mit dem Schönen zu verbinden. Die Bäuerin zog im Bauerngarten nicht nur Obst und Gemüse zur Selbstversorgung heran, sondern fand auch immer noch ein Plätzchen für die verschiedensten Blumen.

Im Cottagegarten stehen Stauden, Sommerblumen und Nutzpflanzen nebeneinander.

Im traditionellen Bauerngarten werden die Nutzbeete häufig mit niedrigen Hecken aus Buchsbaum eingefasst, die der Anlage einen ordnenden Rahmen geben. Innerhalb der Hecken dürfen die Pflanzen dafür umso üppiger wachsen. Die Auswahl der Stauden und Sommerblumen erfolgt dabei meist nicht nach genauen Plänen, sondern oft eher nach dem Zufallsprinzip. Wichtig war schon immer, dass die Pflanzen robust und pflegeleicht waren. Ableger, Stecklinge, Saatgut und Knollen wurden in der Nachbarschaft emsig getauscht, sodass mit der Zeit in allen Gärten der Gegend die gleichen bewährten, vermehrungsfreudigen Sorten anzutreffen waren.

Farben Die Farbkomposition der Bauerngärten mögen auf den ersten Blick gewöhnungsbedürftig erscheinen, haben aber durchaus ihren eigenen Charme. Nichts wirkt dabei arrangiert, sondern erinnert in seiner Vielfarbigkeit an bunte Blumenwiesen, auf denen auch gelbe, orange und rosa Farbtöne aufeinandertreffen und niemand auf die Idee käme, dass dies alles nicht zusammenpasst. Zu den besonders häufig im Bauerngarten verwendeten Stauden gehören zum Beispiel Sonnenauge *(Heliopsis helianthoides* var. *scabra)*, Purpursonnenhut *(Echinacea purpurea)*, Goldgarbe *(Achillea filipendulina)* und natürlich Rittersporn (*Delphinium*-Hybriden). Im Herbst spielen die hohen Herbstastern (*Aster novi-belgii* und *A. novae-angliae*) eine wichtige Rolle, und ohne Dahlien und duftende Lilien ist ein echter Bauerngarten nicht vollständig. All diese prachtvollen Blumen sorgen für ständigen Nachschub in Vasen und Steckgefäßen.

Bunt oder dezent

Wem so ein klassischer Bauerngarten zu bunt ist, kann sich auch auf wenige Farben beschränken, etwa auf Gelb- und Orangetöne, die durch etwas Blau belebt werden.

Sommerblumen Unter den einjährigen Sommerblumen finden sich etliche blau blühende, die locker zwischen die gelb blühenden Stauden gesät werden können, beispielsweise Kornblumen *(Centaurea cyanus)* und Jungfer im Grünen *(Nigella damascena).* Oder Sie beschränken sich auf helle Pastelltöne, die Sie mit viel Weiß kombinieren. Hier sind der gestalterischen Kreativität keine Grenzen gesetzt.

Akkurat geschnittene Buchshecken sorgen für Grün zwischen bunten Blüten.

EXTRA

Sommerblumen

In Bauerngärten werden Obst und Gemüse seit jeher mit Sommerblumen für die Schnittblumengewinnung kombiniert. Zudem gewinnt jeder Nutzgarten auch optisch durch ein paar bunte Farbtupfer. Die Sommerblumen können entweder außen am Zaun entlang gesät oder gepflanzt werden, oder Sie ersetzen einige Gemüse- durch Blumenreihen. Auch an den Wegrändern entlang können niedrige Einjährige wirkungsvoll zu Geltung kommen. Manche Sommerblumen fühlen sich übrigens im Nutzgarten besonders wohl, weil sie dort, bedingt durch wechselnde Kulturen, jedes Jahr einen neuen Standort erhalten können. Die beliebten Sommerastern *(Callistephus chinensis)* müssen unbedingt jedes Jahr an einem anderen Standort stehen, weil sonst die Gefahr sehr groß ist, dass sie sich mit der gefürchteten Asternwelke infizieren.
Einige Sommerblumen sind Zierde und Bodenverbesserer zugleich. Ringelblumen und Tagetes halten den Boden frei von Bodenälchen und schützen auf diese Weise auch die Nutzpflanzen.

Und natürlich sind auch Nutzpflanzen oft Zierpflanzen, man denke nur an Bohnen mit roten und Erbsen mit lila Blüten. Auch lassen sich etliche Sommerblumen als Gewürz oder als Grundlage für Kosmetik verwenden, die Übergänge sind also immer fließend.

Rosengärten

Rosen lassen sich hervorragend mit Stauden kombinieren und ergänzen sich mit diesen zu Traumpaaren im Beet.

Besonders historische Rosen und Strauchrosen mit einfachen oder nur locker gefüllten Blüten fügen sich dank ihrer ansprechenden Wuchsrichtung sehr gut in Staudenpflanzungen ein. Durch ihre Wuchshöhe lassen sie sich gut im mittleren und hinteren Bereich des Beetes verwenden. Auch Kletterrosen, die im Hintergrund am Zaun oder einer Mauer emporwachsen, verleihen einer Staudenpflanzung zusätzliche Fülle.
Im ländlichen Garten spielten Wildrosen wie Kartoffelrose *(Rosa rugosa)* oder die bekannte Apothekerrose (*Rosa gallica* 'Officinalis') schon immer eine wichtige Rolle. Blüten und Hagebutten wurden in der Küche und teilweise auch zu Heilzwecken verwendet. Ihre Blüten in leuchtenden Pink- und Rosatönen ergänzen sich wunderbar mit blauem Rittersporn, Akelei und Glockenblumen.

Rosenvielfalt

So unterschiedlich Rosen in ihrer Erscheinung sind, so unterschiedlich lassen sie sich auch im Beet verwenden. Von der hohen Wildrose für den Hintergrund bis zur zwergwüchsigen Kleinstrauchrose, mit Augenmaß eingesetzt sind sie eine Bereicherung in der gemischten Rabatte oder im formalen Beet.

Rosen mit nostalgischen Blüten betonen den romantischen Charakter dieses Beetes.

Höhere Beetrosen eignen sich am für den hinteren Bereich im Beet.

Die schönen Wilden Bereits ab Ende Mai können Sie sich an der Schönheit der Rose erfreuen. Dann haben die ersten Wild- und Strauchrosen ihren großen Auftritt. Den Anfang macht die chinesische Goldrose mit einer Unmenge ungefüllter primelgelber Blüten. Sie wird mit etwa zwei Metern zwar recht hoch, lässt sich aber gut in gemischte Hecken integrieren oder in den Hintergrund eines Beetes platzieren. Eine weitere sehr empfehlenswerte Wildrose ist die Bibernellrose *(Rosa pimpinellifolia)*, zu der auch die berühmten „Frühlingsrosen" gehören, die von Kordes in den 30er Jahren gezüchtet wurden und die auch heute nichts von ihrer Faszination verloren haben. Ihre Blütenfarben variieren je noch Sorte zwischen hellgelb und kräftig rosa. Auch sie werden bis zu zwei Meter hoch und fügen sich hervorragend in Hecken ein. Eine weitere Wildrose, die nicht unerwähnt bleiben darf, ist die Hechtrose *(Rosa glauca)*, die neben kleinen pinkfarbigen Blüten auch wunderschönes blaugrünes Laub besitzt. Sie lässt sich hervorragend mit dunkellaubigen Gehölzen oder als Kontrast auch mit gelblaubigen Pflanzen kombinieren. Wildrosen blühen nur einmal, aber üppig.

Alte Rosen mit viktorianischem Charme Das Thema „romantischer Garten" hat in den letzten Jahren wieder stark an Bedeutung gewonnen und damit auch das Interesse an Historischen Rosen geweckt. In einem Punkt sind die Alten Rosen unschlagbar: Sie duften köstlich! Dem Gartenfreund stehen heute speziell ausgewählte Sorten zur Verfügung, die auch im modernen Hausgarten ohne aufwändige Pflege gedeihen, zum beispielsweise 'Rose de Resht' mit stark duftenden, dicht gefüllten Blüten, deren Farbe man am ehesten mit purpurlilarot beschreiben könnte.

KOSMOS **TIPP**

Als Alternative zu den „echten Alten Rosen" bieten sich die Englischen Rosen an. Auch sie zeichnen sich durch dicht gefüllte Blüten in wunderschönen Pastell- und Violetttönen aus, blühen aber im Gegensatz zu den Historischen Rosen den ganzen Sommer hindurch.

Cremefarbene Rosen in Kombination mit rosa blühenden Stauden.

Moderne Alleskönner In den letzten Jahren hat die Rosenzüchtung riesige Fortschritte gemacht. Für jeden Zweck steht eine große Anzahl von Sorten zur Verfügung, vom Zwerg bis zum Riesen, in nahezu allen Blütenfarben, mit gefüllten oder einfachen Blüten. Die Modernen Rosen sind dauerblühend, wüchsig und unempfindlich gegen Krankheiten und Schädlinge. Um dem Rosenfreund den Überblick zu erleichtern, werden sie je nach Wuchseigenschaften in verschiedene Klassen eingeteilt. Hier sollen nur die Gruppen vorgestellt werden, die für gemischte Beete von Belang sind.

Beetrosen Beetrosen sind die idealen Kandidaten für Gruppenpflanzungen, können aber auch im Staudenbeet ihre Trümpfe ausspielen. Sie zeichnen sich durch eine eher aufrechte Wuchsform und eine kompakte Wuchshöhe von 40–70 cm aus. Es gibt Sorten mit einfachen, halbgefüllten und gefüllten Blüten in vielen pastelligen und leuchtenden Farben.

Kleinstrauch- und Bodendeckerrosen In diese Gruppe gehören Sorten mit einer Wuchshöhe bis etwa einem Meter, oft ausladend bis überhängend wachsend. Damit eignen sie sich hervorragend, um größere Flächen zu bedecken. Die weniger breit wachsenden Sorten lassen sich auch sehr gut mit Stauden und flachen Sträuchern kombinieren. Kleinstrauch- und Bodendeckerrosen sind besonders pflegeleicht, die meisten müssen nur alle paar Jahre radikal zurückgeschnitten zu werden. Viele Sorten werden auch wurzelecht angeboten, sodass die Rosen unterirdische Ausläufer bilden können und so nach kurzer Zeit auch größere Flächen dicht bewachsen. Etliche Sorten dieser Gruppe haben wildrosenhaften Charme und sind mit ihren einfachen bis leicht gefüllten Blüten auch bei Bienen äußerst beliebt. Die weniger flach wachsenden Sorten eignen sich aber auch hervorragend als Partner für Beetstauden.

Strauchrosen Rosen ab einer Höhe von etwa 1,20 m werden als Strauchrosen bezeichnet. Sie lassen sich einerseits gut für die Einzelstellung oder in kleinen Gruppen verwenden, andererseits geben sie gute

Kleinstrauchrosen sind robust und vielseitig verwendbar, hier zusammen mit Campanula.

Mit Kletterrosen kommt auch die dritte Dimension zur Blüte.

Stauden mit filigranen Blütenständen sind ideale Partner für Rosenblüten.

Partner für die Kombination mit Beetstauden ab. Auch die Historischen und Englischen Rosen gehören überwiegend zu dieser Gruppe.

Kletterrosen Üblicherweise in den Hintergrund von Beeten, an einer Mauer oder am Zaun gepflanzt, eignen sich Kletterrosen gut als Kulisse oder zur Raumbildung. Aber auch solitär an Obelisken oder ähnlichen Klettergerüsten sorgen Kletterrosen für einen zusätzlichen Blickfang im Beet.
Ein absoluter Klassiker ist die Verbindung rosa blühender Rosen mit Stauden in hellblauen und violetten Farbtönen. Rittersporne und Glockenblumen sind hier die Kandidaten erster Wahl. Aber auch Staudenclematis (*C. integrifolia* und *C.* × *durandii*) fügen sich wunderbar ein. Statt rosa blühender Rosen können Sie auch Sorten in zartgelben, cremefarbenen oder lachsrosa Tönen verwenden. Die zarten Farben werden immer miteinander harmonieren. Da Moderne Rosen bis in den Herbst hinein blühen, sollten Sie auf jeden Fall auch Stauden berücksichtigen, die im Spätsommer und Herbst blühen. Hier bieten sich die Astern an, von den niedrigen Kissenastern über zahlreiche halbhohe Wildarten bis hin zu den hohen Herbstastern. Ihre Blüten decken alle Farben von Weiß bis zu kräftigen Rosa- und Lilatönen ab.
Weiterhin kann man sehr schöne Kombinationen mit einjährigen Sommerblumen erzielen. Gerade bei Sommerblumen können Sie Ihrer Experimentierfreude freien Lauf lassen; was nicht gefällt, wird im nächsten Jahr durch etwas anderes ersetzt.

KOSMOS **TIPP**

Bei allen Kombinationen sollte man unbedingt auf eines achten: Rosen wollen von ihren Nachbarn nicht bedrängt werden, daher sollten Sie die Abstände zu ihnen großzügig wählen.

Formale Gärten

Moderne Architektur verlangt nach einer formalen Gestaltung des Gartens. Streng geschnittene Hecken, die großzügige Verwendung nur weniger verschiedener Pflanzen und der gezielte Einsatz von Stein und Beton schaffen eine harmonische Beziehung zum Gebäude.

Ein kunterbunter Cottagegarten passt einfach nicht zu einem Flachdachbungalow, sodass man hier andere gestalterische Wege gehen muss. Allerdings hält das Staudenreich eine solche Vielfalt bereit, dass sich für jeden Gartenstil passende Kombinatio-

Immergrüne Formschnittgehölze bilden den formalen Rahmen für die Blütenpracht der Rosen und Sommerblumen.

nen finden lassen. Wie so oft, gilt auch hier manchmal: weniger ist mehr. Eine großzügige Verwendung nur weniger Arten ergibt häufig eine großartige Gesamtwirkung. Auch die Beschränkung auf nur wenige Farben führt meistens zu überzeugenden Ergebnissen. Gestalten Sie doch eine Gartensituation, in der nicht die verschiedenen Blütenfarben und -formen die Hauptrolle spielen, sondern das Laub in seinen unterschiedlichen Formen, Schattierungen und Texturen.

Blattschmuckstauden strahlen eine ruhige Vornehmheit aus, die gut mit moderner, schlichter Architektur harmoniert. Stauden, die im Wesentlichen durch ihre Blätter wirken, haben übrigens auch den Vorteil, dass sie während der ganzen Saison ein relativ konstantes Aussehen besitzen. Sie müssen sich keine Gedanken darüber machen, ob die Blütenfarben zu jeder Zeit zusammenpassen, ob zu jeder Zeit etwas blüht oder ob das Beet vielleicht langweilig wirkt, wenn einmal gerade nichts blüht. Steht die Wirkung des Laubes im Vordergrund, lassen sich auch Stauden mit panaschiertem Laub, die sonst leicht problematisch in der Verwendung sind, gestalterisch überzeugend integrieren.

Stauden als Blickfang

Riesengräser und ornamentale Großstauden sind eindrucksvolle Blickfänge, ob man sie nun solitär oder in größeren Gruppen verwendet. Besonders gut eignen sie sich auch als Randbepflanzung für formale Wasserbecken. Hohe Sorten des Chinaschilfs *(Miscanthus sinensis)*, die über zwei Meter hoch wachsende Weidenblättrige Sonnenblume *(Helianthus salicifolius)* und üppige Horste des Federmohns *(Macleyana cordata)* kommen hier in solitärer Verwendung besonders gut zur Geltung. Und sogar mit Buchs umsäumte Beete, wie auch im Bauerngarten üblich, bekommen einen ganz anderen Charakter, wenn sie statt mit bunten Sommerblumen mit ausdrucksvollen Gräserkombinationen bepflanzt werden.

EXTRA

Blattfarben und -texturen

Obwohl bei der Auswahl der Beetpflanzen sicherlich vor allem Blütenfarben die Hauptrolle spielen, sollte auch der Beitrag von Laubfarben und -strukturen nicht unterschätzt werden. Das Laub ist während der ganzen Vegetationsperiode sichtbar, während bei den meisten Pflanzen die Blütezeit nur einen begrenzten Zeitraum abdeckt.
Allein die in der Natur vorkommenden Grüntöne sind zahllos, vom tiefdunklen Grün etwa einer Eibenhecke bis zum zarten Hellgrün frisch austreibender Farne oder Funkien. Das Blattgrün vieler Pflanzen verändert sich auch im Laufe des Jahres. Meist wird es mit der Zeit dunkler. Ein hoher Anteil Grün im Beet wirkt beruhigend und vermittelnd, auch zwischen problematischen Blütenfarben, die sonst disharmonisch aufeinandertreffen würden.
Neben den Blattfarben haben die Texturen einen entscheidenden Einfluss auf die Gesamtwirkung von Pflanzen. Großes ungeteiltes Laub wirkt dominant und kräftig, während fein gefiedertes Laub der Pflanze ein graziles und luftiges Aussehen gibt. Glattes Laub wiederum wirkt völlig anders als stark behaartes oder runzeliges. Schon wenige Pflanzen mit markantem großflächigem Laub zwischen fein texturierten Gestalten verleihen einer Rabatte Spannung.

Besondere Gärten

Stadtgärten sind oft so klein, dass sich die Anlage von Rasen und Beeten kaum lohnt. Machen Sie doch aus der Not eine Tugend und legen Sie einen Patiogarten oder auch Gartenhof an.

Kleine Innenhöfe

Für einen Innenhof bietet es sich an, die gesamte Fläche mit Steinplatten oder Pflasterklinkern auszulegen. Auf diese Weise erhalten Sie eine großzügige Terrasse, die von Wänden bzw. Mauern umgeben ist. In dem günstigen Mikroklima entwickeln sich mediterrane Kübelpflanzen besonders gut. Typisch für diesen Stil sind erdige Farben, sowohl an Wänden und Böden als auch im textilen Bereich. Dazu kommen farbenfrohe Stoffdessins, die den Arbeiten der Indianer entlehnt sind.

Gartenhof mit Hochbeet und Mauern, die mit Blauregen überwachsen sind.

Raffinierte Pflanzenideen Bei der Bepflanzung kommen vor allem Kakteen und sukkulente Pflanzen zum Einsatz, die durch sparsam eingesetzte Blütenpflanzen ergänzt werden. Aloen und Agaven kann man in schlichte Terracottatöpfe pflanzen und einzeln oder in kleinen Gruppen aufstellen. Bizarr, aber sehr reizvoll sind auch Kakteen. Einige Arten sind frosthärter als allgemein bekannt, zum Beispiel viele Opuntien *(Opuntia)*, die wegen ihrer Wuchsform auch als Ohrenkakteen bekannt sind. Weiterhin passen auch Yuccas gut ins Konzept, von denen es stammbildende Arten gibt und solche, die Blattrosetten direkt über der Erde ausbilden. Letztere sind in der Regel völlig winterhart und schieben im Sommer kräftige Stängel mit Trauben weißer Glockenblüten aus den Rosetten hervor. Für die nötige Farbe im Sommer sorgen Töpfe mit einjährigen Blütenpflanzen. Einen schönen Kontrast zu den derben Kübelpflanzen bilden filigrane Steppenblumen, zum Beispiel Bartfaden (*Penstemon*-Hybriden), Mädchenauge *(Coreopsis tinctoria)* und Sommerfuchsie *(Clarkia pulchella)*, die Sie bunt gemischt in Kästen und Töpfe pflanzen können. Sehr hübsch sehen auch Kästen aus, in denen große Mengen des Kalifornischen Goldmohns *(Eschscholzia californica)* teppichartig blühen.

Blumengarten im Kübel Viele Stauden eignen sich nicht nur für die Verwendung im Beet, sondern präsentieren sich auch in dekorativen Töpfen und Kübeln von ih-

rer besten Seite. Besonders geeignet für die Topfkultur sind die zahlreichen alpinen Zwergstauden, die im Steingarten von kräftigeren Vertretern überwachsen und verdrängt würden. Sie finden in Töpfen und Trögen den perfekten Lebensraum. Viele Polsterstauden haben ihre Schwierigkeiten mit der in Mitteleuropa herrschenden winterlichen Dauerfeuchtigkeit. Pflanzt man sie in Töpfe, können sie im Winter ganz leicht an einen Standort gestellt werden, der von Niederschlägen nicht erreicht wird, zum Beispiel unter einen Dachvorsprung. Ebenso lassen sich viele nicht zuverlässig winterharte Halbsträucher wie Rosmarin *(Rosmarinus officinalis)* aus dem Mittelmeerraum besser in Töpfen kultivieren.
Auch viele Beetstauden halten es etliche Jahre in Kübeln und Töpfen aus, wenn sie regelmäßig gegossen und gedüngt werden. Die beliebten Funkien *(Hosta)* können hier ihr dekoratives Laub besonders gut zur Schau stellen und sind gleichzeitig vor Schnecken geschützt. Sehr schön wirken sie in kleinen Gruppen mit unterschiedlichen Blattfarben und -formen.

Schmale, schattige Stadtgärten werden durch viel Grün aufgewertet. Blühende Kübelpflanzen geben zusätzlich Farbe.

EXTRA

Blühender Mini-Teich

Auch im kleinen Garten ist es möglich, einen Teich anzulegen. Bereits 1–2 m^2 reichen aus, um ein kleines Biotop mit Sumpf- und Wasserpflanzen zu schaffen.
Doch selbst wer im Garten keinen Platz für einen Teich hat, muss nicht auf ihn verzichten. Auf der Terrasse lassen sich leicht Mini-Teiche in wasserdichten Kübeln anlegen, in denen sogar kleine Wasserpflanzen Platz finden. Gefäße, die mindestens 50 Liter Wasser fassen, sind dafür geeignet.
Für die Pflanzenauswahl gilt: weniger ist mehr. In einem vollkommen zugewucherten Mini-Teich bekommen die Pflanzen schnell zu wenig Sauerstoff, die Wurzelballen beginnen zu faulen. Eine einzelne schwachwüchsige Seerose (zum Beispiel *Nymphaea tetragona*) reicht voll und ganz aus. Lassen Sie sich in Ihrer Gärtnerei beraten, welche Sorten sich am besten eignen. Einige Sorten kommen schon mit einer Wassertiefe von 30 cm zurecht.
Am besten werden die Wasserpflanzen einzeln in Körbe gepflanzt und dann eingesetzt. Auf diese Weise wird auch das Substrat nicht so leicht aus den Wurzelballen geschwemmt. In flachere Teiche und Gefäße lassen sich gut kleine Gruppen von Sumpfpflanzen einsetzen. Zu dieser Gruppe gehören die heimische Sumpf-Schwertlilie *(Iris pseudacorus)*, Pfeilkraut *(Sagittaria sagittifolia)*, Tannenwedel *(Hippuris vulgaris)* und die Sumpf-Dotterblume *(Caltha palustris)*. Alle genannten Arten gedeihen am besten in einer Wassertiefe von dauerhaft 5–10 cm.

Mediterrane Gärten

Lassen Sie sich durch Reisen in den Mittelmeerraum inspirieren und vom südländischen Lebensstil beeindrucken. Auch die Mittelmeerküche mit ihren zahlreichen aromatischen Kräutern gehört inzwischen zum festen Bestandteil mitteleuropäischer Lebensart.

Gemütlicher Sitzplatz inmitten von Lavendel und mediterranen Kübelpflanzen.

In einem geschützten, sonnigen Hof gedeihen mediterrane Pflanzen prächtig.

Zu den Pflanzen, die das gewünschte „Mittelmeerfeeling" vermitteln, gehören all die Würzkräuter und Aromapflanzen, die für die mediterrane Küche so prägend sind. Sie zeichnen sich in der Mehrzahl durch silbriges oder graues Laub aus, das bei der kleinsten Berührung aromatisch duftet. Große, weiche Blätter sind die Ausnahme, denn die Pflanzen müssen im Sommer mit viel Sonne, Hitze und längeren Trockenperioden zurechtkommen. Aus diesem Grund sind ihre Blätter klein, damit nicht zu viel Wasser verdunstet wird, und oft auch mehr oder weniger behaart, denn so wird die Sonnenstrahlung ein wenig gefiltert. Mittelmeerstauden sind also für vollsonnige, warme Plätze, zum Beispiel an der Terrasse, bestens geeignet.

Klassiker Ein mediterranes Beet könnte zum Beispiel folgendermaßen aussehen: Im Vordergrund blüht duftender Lavendel *(Lavandula angustifolia)* in kräftigem Lilablau, der von rosa Dost *(Origanum vulgare)* ergänzt wird. Auch Silber-Ehrenpreis (*Veronica spicata* ssp. *incana*) ist für eine flache Vorpflanzung gut geeignet. Etwas höher wird Katzenminze (*Nepeta × faassenii*), besonders die kräftig wachsende Sorte 'Six Hills Giant'. Leuchtendes Purpurrosa bringt die Vexiernelke *(Lychnis coronaria)* ins Beet. Wunderbares weich behaartes Laub hat des Brandkraut *(Phlomis russeliana)*, das sich im Juni und Juli mit quirlförmig angeordneten hellgelben Lippenblüten schmückt.Kommen zu dieser sanften Farbsymphonie noch Spornblumen *(Centranthus ruber)* und Kugeldisteln *(Echinops ritro)* mit ihren stahlblauen Blütenkugeln dazu, ist das Sonnenbeet mit mediterranem Flair perfekt.
Viele sommerblühende Zwiebelblumen sind eine schöne Ergänzung zu silberlaubigen Stauden. Besonders die duftende Madon-

Mit eingesenktem Kübel wirkt dieses Zitrusbäumchen so, als ob es im Boden wächst.

Ein Senkgarten bietet empfindlichen Pflanzen gute Bedingungen.

nenlilie *(Lilium candidum)* mit ihren schneeweißen Trichterblüten ergänzt sich gut mit Lavendel & Co., aber auch viele Sorten, deren kugelige Blütenstände über den Stauden schweben.

Duftgärten

Manchen Blüten entströmt erst in den Abendstunden ein köstlicher Duft. Auffallend ist, dass es sich dabei meist um weiße oder sehr helle Blüten handelt. Sie locken durch Duft und Farbe Nachtfalter zur Bestäubung an. Zu dieser Gruppe gehören Nachtviole *(Hesperis matronalis)*, Zier-Tabak *(Nicotiana)*, aber auch zahlreiche Trichterlilien (*Lilium*-Hybriden). Unter den Sommerblumen finden sich übrigens besonders viele duftende Arten, mit denen auch Staudenbeete „aufgefüllt" werden können. Einen wunderbaren Duft verströmen beispielsweise schon wenige Exemplare des polsterförmig wachsenden Duftsteinrichs *(Lobularia maritima)*, der im Vordergrund eines jeden Beetes noch ein Plätzchen findet.

Einen wahren Duftrausch können Sie erzeugen, wenn Sie duftende Rosen mit solchen Einjährigen kombinieren. Besonders die Historischen Rosen aus der Gruppe der Gallica- und Alba-Rosen betören durch ihre unterschiedlichen, meist sehr würzigen Blütendüfte. Ihr strauchförmiger, eleganter Habitus und ihre sanften Blütenfarben harmonieren hervorragend mit Levkojen *(Mattiola incana)*,

Katzenminze und Mohn erinnern an wogende Blumenfelder in der Provence.

Oleander gibt es in vielen Farben und mit einfachen oder gefüllten Blüten.

Heliotrop *(Heliotropum arborescens)* und Bartnelken *(Dianthus barbatus)*. Bartnelken sind Zweijährige, die im Mai/Juni des folgenden Jahres nach der Aussaat blühen, es gibt aber inzwischen auch Sorten, die bereits im ersten Sommer blühen, wenn sie zeitig ausgesät werden.

Kräutergärten

Um immer genügend frische Kräuter für die Küche parat zu haben, lohnt sich die Anlage eines speziellen Kräuterbeetes in Hausnähe, zum Beispiel an der Terrasse. Wenn die Terrasse groß genug ist, können Sie das Beet auch dort integrieren, indem Sie einige Platten herausnehmen und polsterförmig wachsende Kräuter wie Thymian *(Thymus vulgaris)*, Quendel *(Thymus pulegioides)* und Bergbohnenkraut *(Satureja montana)* hineinsetzen. Diese trockenheitsverträglichen Kräuter fühlen sich zwischen den Steinplatten, die reichlich Wärme abstrahlen, sehr wohl. Wählen Sie als Platz am besten einen Randbereich auf der Terrasse, der nicht direkt am Hauptdurchgangsweg liegt. Nicht winterharte Arten pflanzt man in Kübel.

Auf Trockenmauern wächst duftender Thymian zu großen Polstern heran.

Pflanzen & Pflegen

Auch wenn die Pflanzung im Garten sorgfältig geplant und durchgeführt wurde, benötigen Stauden, Gehölze und Sommerblumen ein Mindestmaß an Pflege, um sich in ihrer ganzen Schönheit zu präsentieren. Mit dem nötigen Praxiswissen erfreuen Sie sich das ganze Jahr an üppig blühenden Pflanzen.

Standort

Von der Umwelt vorgegebene Standortfaktoren lassen sich nur begrenzt beeinflussen. Liegt das Beet in der Sonne oder im Schatten? Wie feucht ist der Boden? Ist er sehr durchlässig oder neigt er zur Staunässe? Wie kalt kann es im Winter werden?

Standort bestimmen

All dies sind Fragen, die bei der Auswahl und Zusammenstellung der Pflanzen eine wichtige Rolle spielen sollten. So macht es wenig Sinn, sonnenhungrige Prachtstauden im tiefen Schatten zu pflanzen, womöglich noch im Bereich des Wurzeldrucks hoher Gehölze. Andererseits verkümmern viele Schattenstauden in voller Sonne; sie leiden unter zeitweiliger Trockenheit und ihre oft dekorativen Blätter verbrennen unter der starken Strahlungseinwirkung.

Sonne oder Schatten

Für jeden Standort gibt es die passende Pflanze. Während Prachtstauden auf der heißen Trockenmauer schnell zugrunde gehen, fühlen sich Trockenheit liebende Polsterstau-

Nur wenn der Standort zusagt, gedeihen Pflanze wir diese Schattenstauden üppig.

den und silberlaubige Halbsträucher hier am wohlsten. Staudenriesen mit wuchtigem Blattwerk brauchen unbedingt frischen Boden, sind aber wenig wählerisch, was die Lichtverhältnisse angeht. Und die meisten Pflanzen kommen an Standorten gut zurecht, wenn sie zumindest die überwiegende Zeit des Tages Sonnenlicht erhalten.

Sonne Als sonnig werden Standorte bezeichnet, die fast den ganzen Tag besonnt sind. Die meisten Prachtstauden und Sommerblumen bevorzugen einen sonnigen Standort, benötigen dabei aber eine ausreichende Bodenfeuchtigkeit. Auch Steppenstauden, viele Gräser und sommerblühende Zwiebelblumen brauchen einen sonnigen Standort, kommen aber auch mit weniger Feuchtigkeit zurecht.

Halbschatten Als halbschattig werden Standorte bezeichnet, die mindestens die Hälfte des Tages im Schatten liegen. Die schattigen Tagesabschnitte können durch Gebäude, hohe Gehölze oder Ähnliches verursacht weden. Günstig ist es, wenn der Standort am Mittag im Schatten liegt, während er morgens und/oder abends besonnt wird. Hier gedeihen auch Pflanzen, die einen schattigen Standort bevorzugen und bei zu starker Besonnung mit Blattschäden reagieren. Ansonsten kommen auch viele klassische Beetstauden mit zeitweisem Schatten zurecht.

Schatten Als schattig werden Standorte bezeichnet, die fast den ganzen Tag ohne direktes Sonnenlicht sind. Auch für solche Standorte gibt es genügend geeignete Pflanzen. Man muss sich nur in der Natur umschauen und sieht, dass auch in dunklen Waldbereichen der Waldboden voller Pflanzenleben ist. Etliche Wildstauden wurden züchterisch bearbeitet, sodass sie einen höheren Zierwert haben. Sie haben zwar nie so prächtige Blüten wie die klassischen Beetstauden, dafür sind sie oft von besonders zartem Reiz, und viele besitzen dazu noch dekoratives Laub.

Bedingungen annehmen

Eine Verbesserung des Bodens ist in vielen Fällen zumindest in Maßen möglich, allerdings wird man nie aus Sandboden mit hohem Kalkgehalt einen sauren, humosen Waldboden zaubern können. Es ist also sinnvoll, die Pflanzenauswahl den Gegebenheiten anzupassen und nicht gegen die Natur zu arbeiten.

Eine Bodenverbesserung ist in Grenzen immer möglich und auch sinnvoll, denn die meisten, oft stark züchterisch bearbeiteten Blütenpflanzen benötigen einen sorgfältig vorbereiteten und gut mit Nährstoffen versorgten Boden, um sich dauerhaft gut zu entwickeln. Doch auch für problematische Standorte steht uns eine ausreichende Anzahl attraktiver Pflanzen zur Verfügung, die ihre Stärken sogar erst unter diesen besonderen Bedingungen voll ausspielen.

Um die Auswahl der richtigen Pflanzen für den richtigen Standort zu erleichtern, ist zumindest für den Bereich der Stauden ein System entwickelt worden, bei dem diese verschiedenen Lebensbereichen zugeordnet werden. Inzwischen ist dieses System in die meisten Staudenkataloge eingearbeitet und bietet dem Gartenbesitzer eine wertvolle Orientierungshilfe bei der Auswahl der geeigneten Pflanzen. Allerdings sollte man die Zuordnung auch nicht allzu streng handhaben, denn viele Stauden kommen nicht nur mit einem Standort gut zurecht, sondern durchaus auch mit ähnlichen Bedingungen. So gedeihen viele Prachtstauden ohne weiteres, und Schattenstauden wie Astilben vertragen Sonne, wenn der Boden feucht genug ist.

Der Boden

Guter, ausreichend mit Nährstoffen versorgter Boden ist die Voraussetzung für dauerhaft schöne Beete mit gesunden Stauden, Sommerblumen und Gehölzen.

Zum Glück haben nicht alle Pflanzen dieselben Ansprüche an die Qualität des Bodens, denn auch in der Natur sind die Gegebenheiten unterschiedlich und die Pflanzen haben sich an die Bedingungen angepasst. So wie Pflanzen sonnige oder schattige Standorte bevorzugen, gedeihen die einen auf schweren, eher feuchten Böden, andere dagegen benötigen gut durchlässigen Boden und kommen auch mit weniger Nährstoffen aus.

In gewissen Grenzen ist es allerdings immer möglich, Bodenverbesserungen vorzunehmen, etwa schweren Boden durchlässiger zu machen oder leichten Sandboden mit Hilfe von organischem Material mit Nährstoffen zu versorgen.

Bodenanalyse

Um Aufschluss über den Zustand des Bodens im Garten zu erhalten, lohnt es sich, diesen gründlich zu analysieren, um dann gegebenenfalls die erforderlichen Verbesserungsmaßnahmen durchzuführen. Einen ersten Eindruck kann man schon mit Hilfe der sogenannten Fingerprobe erhalten. Dazu

Feinkrümelig und dunkel, dieser humusreiche Boden ist ideal für fast alle Blumen.

Eine pH-Analyse gibt einen ersten Eindruck über den Säuregehalt des Bodens.

entnimmt man eine Handvoll Erde, knetet diese gut durch und reibt sie dann zwischen Daumen und Zeigefinger hin und her.

- Sand knirscht beim Reiben stark und fällt sofort auseinander.
- Lehmiger Sand fühlt sich rau an und knirscht, lässt sich aber zur Kugel rollen.
- Sandiger Lehm fühlt sich rau und stumpf an, knirscht nur sehr schwach, lässt sich gut rollen und fällt auch beim Biegen nicht auseinander.
- Lehm ist staubig, glatt und stumpf, lässt sich leicht ausrollen und ist biegsam.
- Toniger Lehm ist gut ausrollbar und biegsam, glänzt schwach und klebt leicht an den Fingern.
- Ton ist ganz glatt, stark klebrig und glänzt fettig. Er ist sehr gut ausrollbar und biegsam.

Lupinen wachsen mit ihren kräftigen Wurzeln auch durch verdichtete Bodenschichten.

Bodenverbesserung

Nachdem der Boden im Garten analysiert wurde, sollte er sorgfältig vorbereitet werden, um den Pflanzen einen dauerhaften Lebensraum geben zu können.

Bodenverdichtungen Stauden und Sommerblumen durchwurzeln den Boden bis zu einer Tiefe von etwa 40 cm, Gehölze im Zuge ihres stetigen Wachstums auch wesentlich tiefer. Häufig sind Böden aber gerade in diesem Bereich stark verdichtet, zum Beispiel in Neubaugebieten durch den Einsatz von schweren Baumaschinen, in ländlichen Gegenden auch durch jahrelange Nutzung als Kuh- oder Pferdeweiden. Um den Boden wieder lockerer und damit für die Pflanzen durchwurzelbar zu machen, muss zunächst tiefgründig gelockert werden. Dazu wird er mit dem Spaten oder einer Grabegabel grobschollig umgegraben. Am besten erledigt man diese Arbeit im Herbst, sodass im Winter durch den Frost eine krümelige Struktur entsteht. Gerade bei schweren Böden hat sich doppeltes Umgraben, das sogenannte Rigolen, bewährt, bei dem die Erde zwei Spaten tief umgegraben wird. Dabei geht man folgendermaßen vor: Die Fläche wird in ca. 50 cm breite Reihen unterteilt. Die erste Reihe wird zwei Spaten tief ausgehoben, der Aushub wird an der Seite abgelegt. Als Nächstes kommt der Aushub der zweiten Reihe in den Graben der ersten Reihe. Wegen der doppelten Spatentiefe des Grabens gelangt die obere Bodenschicht nun in den unteren Bereich, die untere hingegen in den oberen. Auf diese Weise arbeitet man sich Reihe für Reihe bis zum Ende der Fläche vor. In den letzten Graben füllt man dann den Aushub des ersten Grabens ein. Auf diese Weise gelangt die obere Bodenschicht samt Grasnarbe und Unkräutern nach unten. Den meisten Unkräutern wird auf diese Weise die Grundlage für weiteres Wachstum entzogen. Vor allem die Samen der Einjährigen liegen jetzt zu tief, um erfolgreich keimen zu können.

Die Pfahlwurzeln des Löwenzahns sind nicht einfach aus der Erde zu ziehen.

Beim Umgraben lassen sich verschiedenste Wurzelunkräuter leicht mit entfernen.

Wilder Senf durchwurzelt schwere Böden und lockert sie auf.

Wurzelunkräuter

Schon beim Umgraben sollte man Wurzelunkräuter wie Quecke, Giersch und Ackerwinde sorgfältig herausziehen und auch jedes noch so kleine Wurzelstückchen aufsammeln. Diese Arbeit ist mühsam, aber nur so ist gewährleistet, dass diese lästigen Unkräuter wirklich dauerhaft verschwinden. Es ist nicht ratsam, die Fläche gleich nach der ersten Unkraut-Entfernung zu bepflanzen, denn erfahrungsgemäß bleiben trotz aller Sorgfalt immer einige Wurzelstückchen im Boden. Graben Sie regelmäßig alle neuen Triebe aus, bis der Boden wirklich unkrautfrei ist. Sehr wirkungsvoll ist es auch, die Fläche einige Monate lichtundurchlässig abzudecken, um die Unkräuter regelrecht auszuhungern. Dazu verwendet man am besten dicke Schichten Zeitungspapier, die überlappend und lückenlos auf dem zukünftigen Beet ausgelegt werden. Damit sie nicht wegfliegen, kann man sie mit Steinen oder einer dünnen Schicht Erde beschweren. Schwarze Folie eignet sich hierfür auch, hat aber den Nachteil, dass sie keine Niederschläge durchlässt, was für das Bodenleben nicht unbedingt förderlich ist. Die Abdeckung sollte möglichst lange, mindestens aber 4–5 Monate auf der Fläche verbleiben. Heben Sie sie zwischendurch an einigen Stellen leicht an, so können Sie sehen, ob Triebe zu sehen sind, die sich bis zur Oberfläche emporgekämpft haben. In diesem Falle sollte die Abdeckung noch länger liegen bleiben.

pH-Wert

Die meisten Stauden, Gehölze und Sommerblumen bevorzugen einen mehr oder weniger neutralen Boden um einen pH-Wert von 6,5 bis 7. Nur wenige Arten sind auf besonders kalkhaltigen oder sauren Boden angewiesen und werden mit Partnern zusammengepflanzt, die die gleichen Ansprüche haben. Den pH-Wert des Bodens kann man recht einfach mit speziellen Teststreifen feststellen, die in Gartencentern und Fachgeschäften erhältlich sind.

Bei zu saurem Boden können Sie Kalk zugeben. Dieser sollte 2–3 Wochen vor einer organischen Düngergabe aufgebracht werden. Bei zu kalkreichem Boden hilft eine Einarbeitung von Laub- und Nadelkompost. Auch aufgebrachter Rindenmulch senkt den pH-Wert des Bodens ab.

Gründüngungspflanzen

Boden	Verbesserung durch
Schwerer Tonboden	Ackersenf
Nasser Boden	Ölrettich
Sandboden	Phacelia
Trockener Boden	Phacelia, Blaue Lupine
Saurer Boden	Gelbe Lupine
Saure Böden	Buchweizen

EXTRA

Gründüngung für lockeren Boden

Zusätzlich zur Bodenlockerung durch Muskelkraft ist eine Gründüngung nützlich. Sie bietet gleich mehrere Vorteile: Die Bodenstruktur wird verbessert, der Boden wird mit reichlich organischem Material angereichert, die Wurzeln der Gründüngungspflanzen brechen Verdichtungen weiter auf, das Bodenleben wird aktiviert, da die zahlreichen Mikroorganismen „Futter“ erhalten, und die geschlossene Pflanzendecke unterdrückt aufkeimendes Unkraut (empfehlenswerte Pflanzenarten (siehe Tabelle oben rechts).

Rasen

Im Handel gibt es verschiedene Rasenmischungen, die sich je nach Zusammensetzung für unterschiedliche Einsatzgebiete eignen.

Rasenmischungen

Die am häufigsten verwendeten Gräser in den Mischungen sind: Straußengras *(Agrostis)*, Schwingel *(Festuca)*, Weidelgras *(Lolium)* und Rispengras *(Poa)*. Je nach Anteil der einzelnen Gattungen wird der Rasen zum Beispiel mehr oder weniger strapazierfähig oder ist auch für schattige Plätze geeignet. Gängige Bezeichnungen für die Rasenmischungen im Handel und ihre Eigenschaften sind der Tabelle zu entnehmen.

Perfekt gepflegter Rasen als Weg in der Mitte einer doppelten Rabatte.

Eine gründliche Bodenvorbereitung bei der Anlage einer Rasenfläche lohnt sich auf jeden Fall, denn so ist gewährleistet, dass später die Graswurzeln auch in die unteren Schichten vordringen können. Außerdem kann auch Regenwasser besser und gleichmäßiger versickern. Im Sommer müssen Sie also in Trockenzeiten nicht sofort zum Gartenschlauch greifen. Optimal für die Rasensaat ist ein gut mit Nährstoffen versorgter Oberboden mit einem pH-Wert von etwa 5,5 bis 6,5. Falls der pH-Wert Ihres Bodens erheblich zu niedrig ist, sollten Sie reichlich Kalk einarbeiten.
Schweren Lehmboden können Sie mit Sand und gut verrottetem Kompostmaterial mischen, um ihn durchlässiger zu machen. Auch bei magerem Sandboden kann eine reichliche Kompostgabe Wunder bewirken.

Gesunder Rasen

Um schön gleichmäßig und üppig wachsen zu können, benötigt der Rasen auch Nährstoffe. Sie können schon vor der Einsaat dafür sorgen, dass er gute Startbedingungen erhält. Sehr bewährt hat sich getrockneter Rinderdung. Davon benötigen Sie etwa 120–150 Liter auf 100 m^2. Sie können auch speziellen Rasendünger verwenden, der in seiner Zusammensetzung genau auf den Nährstoffbedarf des Rasens abgestimmt ist. Die Dosierung steht jeweils auf der Packung. Den Dünger wie auch den Dung sollten Sie

Vor der ruhigen grünen Kulisse des Rasens leuchten die bunten Blüten noch intensiver.

Rasenmischungen

Rasentyp	Eigenschaften
Sport- und Spielrasen	strapazierfähig, belastbar, von der Optik eher grob, ideal für Familiengärten
Allzweckrasen	in Maßen strapazierfähig, verträgt auch Trockenheit
Zierrasen	sehr gleichmäßig, nicht sehr beanspruchbar, häufiges Mähen erforderlich
Schattenrasen	gleichmäßiger Wuchs auch im Schatten, nicht sehr belastbar
Schotterrasen	verträgt Trockenheit und Fahrzeugbelastung bei entsprechendem Untergrund

gleichmäßig in die oberste Bodenschicht einarbeiten. Nachdem der Boden nun gut vorbereitet ist, müssen Sie die Einsaatfläche gut einebnen. Nur so kann die Grassaat gleichmäßig keimen. Nehmen Sie dazu einen breiten Rechen mit geraden Zinken und ziehen Sie damit langsam über die Oberfläche. Es sollte eine feinkrümelige Struktur entstehen. Kleine Steine, Erdklumpen und Wurzelstücke werden dabei noch herausgesammelt. Letzte Unebenheiten und Löcher können Sie mit der Rückseite der Harke ausgleichen.
Letzte Unebenheiten können mit Rasensand ausgeglichen werden.

In Quadrate eingeteilt lässt sich die benötigte Menge Rasensaat schnell berechnen.

Einsaat

Für einen Quadratmeter benötigen Sie ca. 20–40 Gramm Samen. Sie können von Hand säen, was bei kleineren Flächen bis ca. 200 m^2 auch ohne Probleme möglich ist. Bei größeren Flächen empfiehlt sich eine kleine Saatmaschine zum Schieben, bei der die Grassamen gleichmäßig und in der richtigen Menge bei der Vorwärtsbewegung herausfallen. Solche Maschinen können Sie sich tageweise ausleihen.
Nach der Einsaat kommt wieder die Harke zum Einsatz. Harken Sie die Saat ganz vorsichtig unter, sodass sie etwa einen halben Zentimeter mit Erde bedeckt ist. Danach

EXTRA

Wiesenbeete

Auf ganz eigene Art werden Gräser und Stauden kombiniert, wenn die Pflanzung einer natürlichen Blumenwiese nachempfunden werden soll. Dabei wird auf sehr hohe und dominante Arten und Sorten verzichtet. Alle verwendeten Pflanzen haben eine ähnliche Höhe und stehen mehr oder weniger gleichberechtigt nebeneinander.
Ein Wiesenbeet ist aber trotzdem keine Blumenwiese und wird auch nicht wie diese im Sommer gemäht, sondern benötigt wie auch die Rabatte regelmäßige Pflege. Allerdings müssen Sie nicht in gleichem Maße regulierend eingreifen, Stauden teilen und neu pflanzen oder hohe Exemplare stützen. Verwenden Sie möglichst Wildformen oder Züchtungen, die den Wildformen in ihrem Habitus noch nahestehen, also ungefüllte, eher kleine Blüten besitzen. Wenn man eine Wiese in der Natur betrachtet, fällt auf, dass die einzelnen Arten meist in kleinen oder größeren Beständen zusammen wachsen, also quasi Inseln bilden, die unregelmäßig verteilt sind. Auch bei der Planung eines Wiesenbeetes sollte man solche Gruppierungen vornehmen, wobei die einzelnen Gruppen sanft ineinander übergehen sollten.
Am besten ist es, wenn man bei der Auswahl der Pflanzen darauf achtet, dass alle in etwa eine gleich starke Vitalität besitzen, damit nicht einige wenige nach kurzer Zeit dominieren.

ist es empfehlenswert, die Fläche noch zu walzen oder mit Trittbrettern zu befestigen. Diese Bretter können Sie auch leicht selbst herstellen. Nehmen Sie dazu zwei Bretter mit den Maßen 20 × 40 cm, an die Sie elastische Bänder tackern, mit denen Sie sich diese um die Stiefel schnallen können. Damit treten Sie die Fläche gleichmäßig fest.

Regelmäßiges Wässern Bis die Rasensaat aufgekeimt ist, darf der Boden niemals austrocknen. Wässern Sie daher regelmäßig, aber nicht zu stark, damit die Samen nicht wieder herausgespült werden. Nach etwa 4 Wochen sind alle Samen gekeimt. Auch dann sollten Sie in Trockenzeiten immer wässern. Wenn der Rasen etwa 10 cm hoch ist, wird er zum ersten Mal gemäht. Die Schnitthöhe sollte etwa 5 cm betragen. Ab jetzt ist er auch in Maßen begehbar. Nach dem zweiten Schnitt 3–4 Wochen später ist Ihr grüner Teppich fertig! Nun können Sie auch Gartenmöbel daraufstellen.

Rollrasen

Bis ein sattgrüner Rasen aus Saat herangewachsen ist, vergehen einige Monate. Wer nicht so lange warten möchte, kann sich für Rollrasen entscheiden. Fertigrasen wird auf großen Flächen vorgezogen und über mehrere Monate gepflegt, bevor er abgeschält und als Rollrasen in Bahnen verkauft wird.
Es gibt spezielle Erntemaschinen für Rollrasen, die den Rasen in den passenden Stücken ausschneiden und aufrollen. Fertigrasen kommt bereits dicht und ausgewachsen an und lässt im Handumdrehen eine durchgehende Rasenfläche entstehen.
Das Verlegen von Rollrasen ist wirklich für jeden Gartenbesitzer einfach selbst auszuführen und lohnt sich besonders für kleine Flächen. Bereits nach wenigen Wochen ist die Rasenrollen festgewachsen und belastbar.

1.

Nach der Anlieferung bzw. der Abholung Ihres neuen Rollrasens sollten im Idealfall wenige Stunden bis zum Verlegen vergehen.

2.

Beginnen Sie an einer geraden Rasenkante, z. B. der Terrasse oder dem Zaunfundament, mit der Verlegung.

3.

Die Kanten der einzelnen Bahnen müssen dicht aneinander liegen, dürfen sich aber nicht überlappen.

4.

Die einzelnen Bahnen werden versetzt zueinander verlegt, damit keine Kreuzfugen entstehen.

5.

Zum Schluss die Ränder der Bahnen gut andrücken, um ein schnellen Anwachsen zu unterstützen.

Beete anlegen

Beete, ob Staudenbeete, gemischte Rabatten oder bunte Sommerblumenpflanzungen, spielen eine wichtige Rolle im Gesamtkonzept Garten. Gut geplante Beete sind über einen langen Zeitraum im Jahr attraktiv.

Für dauerhaft schöne Beete mit gesunden Pflanzen ist eine gründliche Vorbereitung der Pflanzfläche wichtig. Bodenverbesserung, Grunddüngung und die konsequente Entfernung aller Wurzelunkräuter gehören zu den wichtigsten Maßnahmen, bevor Sie mit dem Pflanzen beginnen können. Auch über Form, Größe und Lage der Beete sollten Sie sich vorher detaillierte Gedanken machen.

Geschwungene Beetränder fürgen sich natürlich in die Rasenfläche ein.

Überlegungen vor der Anlage

Für eine gestaffelte Pflanzung mit höheren Stauden oder Gehölzen im Hintergrund muss ein Beet eine Mindesttiefe besitzen. Daneben sollte aber noch genügend Platz für einen Weg oder eine entsprechende Rasenfläche vorhanden sein, damit man das Beet auch aus einem angemessenen Abstand betrachten kann. Soll ein Beet vor einer vorhandenen Hecke angelegt, müssen Sie eventuell eine Wurzelsperre zwischen Beet und Hecke setzen, damit die Staudenwurzeln nicht von den Gehölzen bedrängt werden. Oft ist es auch sinnvoll, einen schmalen Streifen vor der Hecke frei zu lassen, damit man für Pflegearbeiten besser an den hinteren Bereich des Beetes gelangt.
Bestehen im Garten Höhenunterschiede, können terrassenförmig angelegte Beete mit Abstützungen aus Mauern oder Palisaden eine Lösung sein.

Pflanzen

Nachdem das Beet entsprechend vorbereitet ist, können Sie mit dem Pflanzen beginnen. Stellen Sie die Pflanzen, die sich zumeist in Töpfen befinden, neben das Beet. Falls Sie vorher einen Pflanzplan erstellt haben, übertragen Sie die vorgesehenen Abschnitte m Beet mit Sand. Sie können auch die Töpfe nach dem Pflanzplan arrangieren, natürlich nicht im vorgesehenen Abstand, sondern dichter zusammen. Auf diese Weise haben Sie die Pflanzen gleich in der richtigen Reihenfolge parat. Nachdem die genaue Anordnung der Pflanzen feststeht, legen sie an die vorgesehenen Stellen. Wenn Sie

Sommerblumen oder Stauden in Gruppen zusammenpflanzen, verteilen Sie die Exemplare gleichmäßig, aber nicht in regelmäßiger Anordnung, wie zum Beispiel in Quadraten, sondern in dynamischen Umrissen wie Nieren oder länglichen Ovalen. Nach der Verteilung nehmen Sie die Pflanzen vorsichtig aus den Töpfen. Stauden ohne Wurzelballen, die Sie etwa als wurzelnackte Rhizome in Beuteln gekauft haben, werden ebenso zurecht gelegt. Sie werden immer zuerst gepflanzt, da ihre Wurzeln ungeschützt sind und schnell austrocknen können. Graben Sie mit einer kleinen Handschaufel ausreichend große Löcher, in die Sie die Wurzelballen oder Rhizome vorsichtig einsetzen, sodass der Wurzelhals mit der Bodenoberfläche auf gleicher Höhe ist. Drücken Sie die Pflanzen nun behutsam mit den Händen an. Dann Ziehen Sie ganz leicht an den Pflanzen, um zu prüfen, ob sie wirklich fest in der Erde sitzen.

Gut angießen Nach dem Pflanzen wässern Sie selbst dann ausgiebig, wenn es regnet, auch damit sich eventuelle Hohlräume im Pflanzloch noch schließen. In der ersten Zeit nach der Pflanzung sollten Sie regelmäßig und reichlich gießen, um ein gutes Anwachsen sicherzustellen.

KOSMOS TIPP

Falls die Wurzelballen in den Töpfen trocken sind, sollten Sie sie vor dem Pflanzen ausgiebig mindestens zwei Stunden wässern. Am besten stellen Sie die Töpfe in eine große Schüssel oder Wanne und füllen Wasser bis zu den oberen Topfrändern ein. So können sich die Wurzeln in der Zeit mit Wasser vollsaugen und die Ballen lösen sich hinterher auch besser aus den Töpfen.

1.

Legen Sie sich Pflanzen und Geräte zurecht.

2.

Vor dem Pflanzen wird die Erde im Beet mit Pflanzerde ver-bessert

3.

Bei Bedarf eine Dränage aus Splitt oder Sand legen.

4.

Geben Sie eine Schicht Komposterde als Startdüngung über die Dränage.

5.

Pflanzen Sie die Pflanze ein, sodass der obere Rand des Topfballens auf gleicher Höhe mit der Erdoberfläche ist.

Gießen & Düngen

Wasser und Nährstoffe sind zusammen mit dem richtigen Standort Grudnvoraussetzung für gutes Wachstum.

Gießen

Gut eingewachsene Beete müssen nur in längeren Trockenzeiten gewässert werden, besonders wenn Sie die Pflanzen standortgerecht ausgewählt haben. Steppenpflanzen benötigen auch in Trockenzeiten wenig Wasser. Ältere Stauden, die schon lange Zeit am gleichen Platz stehen, haben ein weit verzweigtes Wurzelsystem, das Gleiche gilt erst recht für Gehölze. Sommerblumen benötigen eine größere Wassermenge, denn sie haben eine viel höhere Wuchsleistung in der kurzen Zeit einer Saison, zudem stammen viele aus wärmeren Gegenden mit regelmäßigen hohen Niederschlägen. Ausnahmen bestätigen natürlich auch hier die Regel: Manche sind ausgesprochene Hungerkünstler.

Verwenden Sie beim Gießen einen Brause-Aufsatz. Auf diese Weise verteilt sich das Wasser gleichmäßiger.

Mulchen

Besonders in der ersten Zeit, wenn die Pflanzen noch klein sind und große Lücken im Beet bestehen, ist es sinnvoll, zu mulchen. Zum einen wird dadurch die Feuchtigkeit besser im Boden gehalten, zum anderen keimen unter der Mulchdecke weniger Unkräuter. Die Mulchdecke sollte dazu aber mindestens 5–7 cm dick sein. Als Mulchmaterial eignen sich Rindenhäcksel, Laubkompost oder auch kleingehacktes Stroh, das man am besten mit Laub vermischt.
Wichtig: Bei der allmählichen Zersetzung der organischen Mulchmaterialien entziehen die Bodenlebewesen dem Boden Nährstoffe. Daher ist eine vorherige Grunddüngung zum Beispiel mit Hornspänen sinnvoll. Verwenden Sie dazu etwa 80 g/m^2. Nach 2–3 Jahren hat sich die Mulchschicht zersetzt und muss erneuert werden.
Falls Sie nicht mulchen, müssen Sie den Boden regelmäßig hacken und aufkeimende Unkräuter entfernen.

Düngen

Pflanzen entziehen dem Boden während des Wachstums ständig Nährstoffe, die ihm daher regelmäßig wieder zugeführt werden müssen.
Bei der Neuanlage ist auch eine vorherige Grunddüngung sinnvoll, die am besten aus organischem Material wie Hornspänen bestehen sollte. Dabei ist eine Menge von 80 g/m^2 völlig ausreichend.
Generell gilt: Dem Boden muss nur so viel an Dünger zugeführt werden, wie ihm die Pflanzen entziehen. Bei zu reichlichen Dün-

gergaben wird das Grundwasser unnötig belastet. Genaue Empfehlungen bezüglich Menge und Zusammensetzung erhalten Sie, wenn Sie Bodenproben an eine der Untersuchungsanstalten senden, die Bodenanalysen vornehmen.

Organische und mineralische Dünger Organische Dünger werden aus pflanzlichen oder tierischen Materialien hergestellt. Sie wirken langsam und gleichmäßig, da sie nach und nach von im Boden lebenden Mikroorganismen zersetzt werden, sodass die Pflanzen die enthaltenen Nährstoffe nutzen können. Bei höheren Temperaturen arbeiten die Mikroorganismen schneller, bei niedrigen Temperaturen entsprechend langsamer. Auf jeden Fall dauert es 3–4 Wochen, bis die Pflanzen den aufgebrachten Dünger aufnehmen können. Zur Gruppe der organischen Dünger gehören zum Beispiel reifer Kompost, Hornspäne oder Rinderdung.

Die richtige Düngermenge Die notwendige Düngermenge hängt vom Nährstoffgehalt des Bodens und dem Bedarf der Pflanzen ab. So benötigen zum Beispiel einjährige Sommerblumen mit viel Blatt- und Blütenmasse relativ große Mengen, denn sie haben eine hohe Wuchsleistung in relativ kurzer Zeit zu bewältigen. Auch sommerblühende Knollenblumen wie Dahlien und Canna haben einen sehr hohen Nährstoffbedarf. Im Gemüsebeet hängt es von den kultivierten Arten ab, wie viel Dünger Sie zugeben müssen. Alle Kohlarten zum Beispiel sind echte „Düngerfresser", die bei schlechter Versorgung kümmern und leichter von Schädlingen befallen werden.

Kompost

Wenn immer es möglich ist, sollten Sie einen Komposthaufen im eigenen Garten anlegen, denn dieser ist der beste Lieferant von humusreichem organischem Material. Bei der Verrottung von pflanzlichem Material entsteht Wärme, die die Vermehrung von Bakterien und Mikroorganismen fördert. Diese wandeln den Abfall in Kompost um.
In den Komposthaufen können Sie fast alle Garten- und Küchenabfälle geben. Dabei sollten Sie groben und feinen Abfall immer gut mischen. Feuchter Rasenschnitt verklumpt zum Beispiel leicht, wenn man ihn in zu dicken Schichten aufsetzt. Dann wird der Rotteprozess gestört und es kommt zu Schimmelbildung. Geben Sie also immer reichlich gehäckselte Äste oder auch Zeitungspapier dazwischen. Größere Mengen Laub, das im Herbst anfällt, können Sie auch gesondert kompostieren. Sie erhalten auf diese Weise wertvolle Lauberde, die Sie zum Mulchen und zur Bodenverbesserung verwenden können, besonders für schattige Beete unter Bäumen.
Mineralische Dünger sind hingegen wasserlöslich und für die Pflanzen sofort verfügbar. Sie sind in verschiedenen Mischungen oder auch als einzelne Mineralien im Handel erhältlich. Phosphat, Kali und Stickstoff gehören in die Gruppe. Bei der Anwendung sollte man bedenken, dass jeder Überschuss, der von den Pflanzen nicht aufgenommen werden kann, schnell ins Grundwasser gelangt. Die Regel „Viel hilft viel" ist hier auf jeden Fall fehl am Platz. Man sollte bei hohem Nährstoffbedarf der Pflanzen also lieber öfter, aber sparsam düngen. Übrigens kann man auch mit organischen Düngen leicht zu viel des Guten tun, und auch Kompost aus Rasenschnitt und Pflanzenabfällen enthält einen hohen Anteil an Stickstoff. Daher sollte er nicht zu großzügig verwendet werden.
Neben rein organischen oder mineralischen Düngern sind auch Mischungen erhältlich, sogenannte organisch-mineralische Dünger. Sie wirken schnell und lang anhaltend.

Pflanzen schneiden

Ein Rückschnitt bei Pflanzen kann aus verschiedenen Gründen nötig sein. Abgeblühte Blütenstände sehen oft nicht schön aus und stören die Harmonie einer Pflanzung. Sträucher wachsen im Laufe der Zeit zu dicht und müssen ausgelichtet werden.

Spätestens bei Neuaustrieb sollten die vorjährigen Stängel abgeschnitten werden.

Abgestorbene Pflanzenteile und erfrorene Triebe sehen unschön aus und bieten zudem Pilzen und Viren beste Lebensbedingungen, was die ganze Pflanze schwächen kann. Manchmal muss auch im Frühjahr alte Blattmasse entfernt werden, damit der neue Austrieb bessere Bedingungen bekommt.

Stauden

Um eine kontinuierliche Blüte zu fördern, sollten Sie stets alles Verblühte abschneiden. Wenn die Blüten bestäubt wurden, bildet die Pflanze Samen aus und verbraucht ihre Energie im Wesentlichen hierfür. Das geht auf Kosten einer weiteren Blütenbildung. Wenn sie aber durch kontinuierliches Entfernen der abgeblühten Blütenstände daran gehindert wird, produzierten sie über längere Zeit immer neue Blüten.
Manche Stauden treiben auch nach einem radikalen Rückschnitt direkt nach der Blüte neu aus und bilden frisches Laub, einige gelangen auf diese Weise auch zu einer späteren Nachblüte. So einen totalen Rückschnitt nennt man auch Remontierschnitt. Alle Stängel und Blätter werden dabei eine Handbreit über dem Boden abgeschnitten. Beim Rittersporn erzielt man durch einen Rückschnitt nach der ersten Blüte eine sichere Nachblüte im Spätsommer.
Halbsträucher wie Lavendel *(Lavandula angustifolia)*, aber auch Kleinsträucher, die im Winter zurückfrieren, werden im Frühjahr bis auf ein Drittel zurückgeschnitten, damit sie kräftig austreiben und kompakt bleiben.
Viele Stauden und besonders Gräser besitzen dekorative Samenstände, die auch im Herbst und Winter einen reizvollen Schmuck darstellen. Sie sollten erst im zeitigen Frühjahr abgeschnitten werden, bevor die neuen Triebe erscheinen.

Gehölze

Bei Sträuchern beschränkt sich der Schnitt im Allgemeinen auf Pflegeschnitte zur Erhaltung einer ausgewogenen Wuchsform. Auch aus diesem Grund sollten Sie die Pflanzabstände eher großzügig bemessen, auch wenn dadurch in den ersten Jahren kein geschlossener Wuchs entsteht. Beim Pflegeschnitt ist es wichtig zu beachten, wie die Sträucher wachsen.

Je nach Gehölzart fällt der Pflegeschnitt unterschiedlich aus: Wenn es sich um dicht verzweigte, buschige Arten handelt, zum Beispiel Spiersträucher *(Spiraea)*, Fingerstrauch *(Potentilla)*, Berberitzen *(Berberis)* oder Ranunkelstrauch *(Kerria)*, können Sie die Zweige einfach komplett um 20–30 % einkürzen, unter Umständen auch mehr. Diese Methode wird Rückschnitt genannt. Bei im Sommer blühenden Arten geschieht dies am besten im Frühling (ab März), bei Frühjahrblühern nach der Blüte. Auch Sträucher, die im Winter zurückfrieren, können im März/April stark zurückgeschnitten werden. In diese Gruppe gehören zum Beispiel Sommerflieder *(Buddleja davidii)*, Blauraute *(Perovskia)* oder Bartblume *(Caryopteris)*. Sie treiben nach einem solch radikalen Rückschnitt wieder kräftig aus und die Blütenbildung wird zusätzlich gefördert. Generell vertragen Gehölze, die im Spätsommer blühen, einen Rückschnitt im Frühjahr gut, da die Blüten am neu austreibenden einjährigen Holz gebildet werden.

Die meisten höher wachsenden Sträucher sollten dagegen nur ausgelichtet werden, das heisst einzelne Triebe werden bis zum Boden herausgeschnitten, die anderen in ihrer gesamten Länge belassen. Wenn Sie solche Sträucher einfach nur von der Spitze her einkürzen, wird lediglich im oberen Bereich das Wachstum angeregt und sie werden dadurch kopflastig. In diese Kategorie fallen zum Beispiel Felsenbirne *(Amelanchier)*, Hartriegel (*Cornus alba* und *C. sanguinea*) und Falscher Jasmin *(Philadelphus)*. Auch hier gilt wieder für den Schnittzeitpunkt: Frühjahrsblüher schneiden Sie am besten im späten Frühjahr oder Frühsommer, also direkt nach der Blüte. Beim Winterschnitt würden die angelegten Blütenknospen entfernt, was zum Ausfall der Blüte führen würde. Spät blühende Sträucher werden am besten im März/April geschnitten, möglich ist aber auch ein Schnitt ab Spätherbst bis in den Winter hinein. Auslichtungsschnitte müssen Sie nur alle 2–3 Jahre durchführen, wenn die Sträucher Ihnen zu dicht erscheinen. Nach einer Neupflanzung müssen Sträucher, die nur ausgelichtet werden, die ersten 4–5 Jahre überhaupt nicht geschnitten werden. Einige langsam wachsende Arten mit malerischer Wuchsform, zum Beispiel einige Ahornarten, sollten möglichst gar keinen Schnitt erhalten, eignen sich aber auch nur bedingt für Heckenpflanzungen.

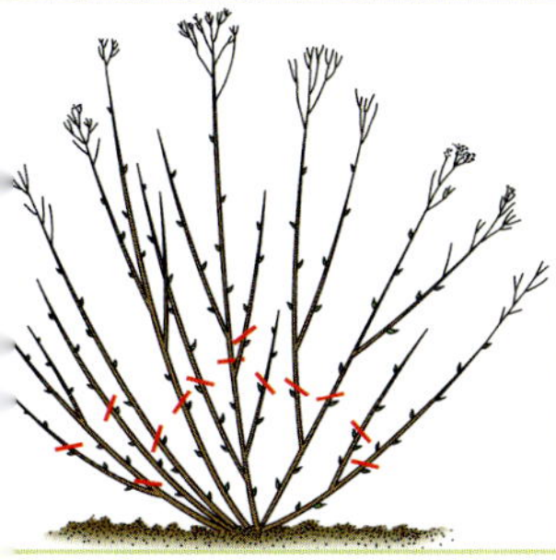

1. Sträucher, die am einjährigen Holz blühen wie die Forsythie, werden im Frühjahr kräftig zurückgeschnitten.

2. Sträucher mit Blüten am vorjährigen Holz wie Hortensien werden hingegen nur ausgelichtet.

3. Das Entfernen von Verblühtem wie beim Schmetterlingsstrauch fördert die weitere Blütenbildung.

Rosen

Der Rückschnitt von Rosen erfolgt im Frühjahr. Der genaue Zeitpunkt richtet sich stark nach der Witterung. Erst wenn keine starken Fröste mehr zu erwarten sind, sollten die Rosen geschnitten werden. Auf der sicheren Seite liegt man, wenn man den Zeitpunkt der Forsythienblüte abwartet und dann schneidet, wenn sich die gelben Frühlingsboten zeigen. Durch den Schnitt erreicht man einen luftigen und lockeren Wuchs der Rosen, mindert somit den Befallsdruck durch Pilze und sichert einen reichen Blütenflor im Sommer. Geschnitten wird bevorzugt auf ein nach außen (von der Pflanzenmitte weg) zeigendes Auge. Als Augen bezeichnet man die Austriebspunkte an den Zweigen. Sie sind mehr oder weniger gut sichtbar über den einzelnen Blattansätzen zu erkennen. Die Schnittstellen selbst sollten schräg und etwa einen halben Zentimeter über dem gewählten Auge liegen.

Regelmäßig ausputzen Im Sommer werden bei den Rosen meist die abgeblühten Blüten abgeschnitten, der Fruchtansatz wird damit verhindert und ein weiterer Blütenflor unterstützt. Im Herbst werden nur stark wachsende Rosen etwas zurückgeschnitten, um Pflegearbeiten zu erleichtern und pilzbefallene Zweige und Blätter zu entfernen.

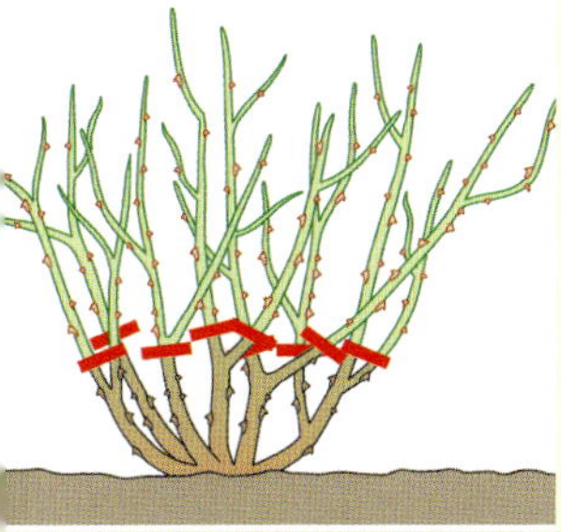

1. Beet- und Edelrosen werden kräftig auf 3–5 Augen etwa 10–15 cm über dem Boden zurückgeschnitten.

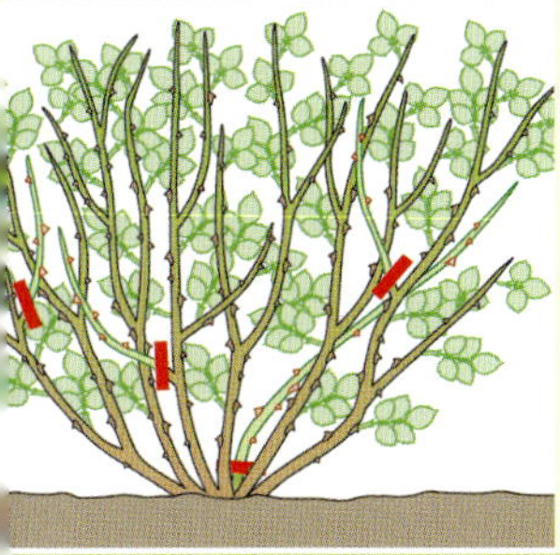

2. Einmalblühende Strauchrosen sollte man nur bei zu dichtem Wuchs von altem Holz befreien.

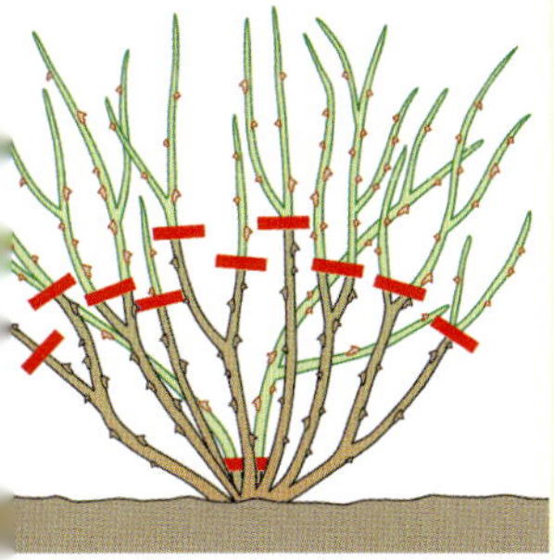

3. Öfterblühende Strauchrosen vertragen einen Rückschnitt um etwa 2/3 ihrer Höhe.

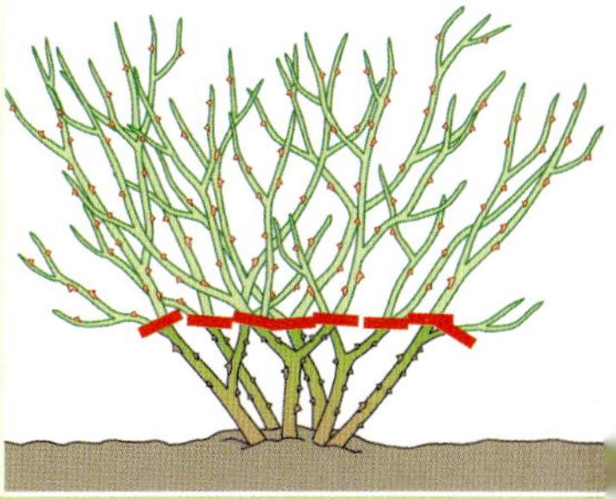

4. Kleinstrauchrosen und Rugosa-Sorten können einfach 5-10 cm über dem Boden abgeschnitten werden.

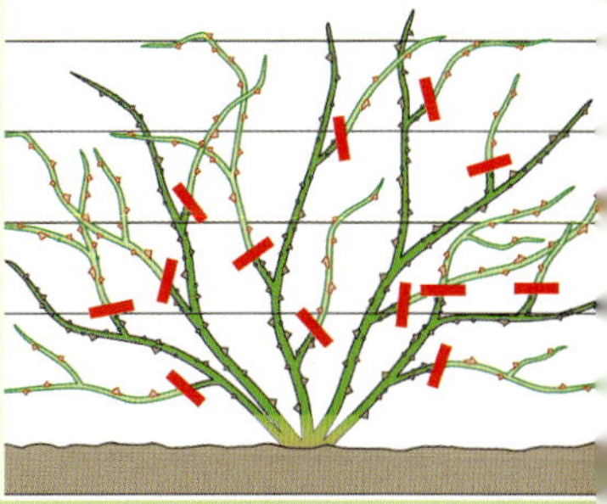

5. Öfterblühende Kletterrosen behalten beim Rückschnitt nur die kräftigsten Ruten.

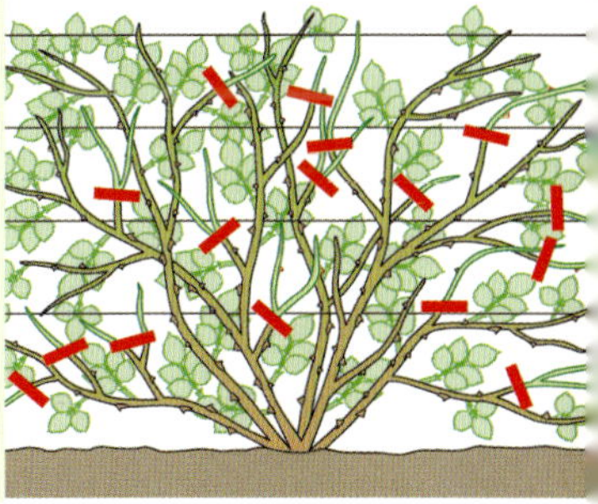

6. Einmalblühende Kletterrosen und Rambler werden nur ausgelichtet.

Vermehrung

Bei Einjährigen ist es klar: Sie müssen jedes Jahr wieder durch Aussaat herangezogen und vermehrt werden. Auch viele Stauden, besonders die Wildformen, lassen sich mit ein wenig Geduld aus Samen heranziehen. Benötigt man nur wenige Exemplare, kommt auch die Vermehrung durch Stecklinge oder durch Teilung infrage.

Verfilzte Wurzelballen werden am bestem mit einem Spaten geteilt.

Manche Stauden müssen auch regelmäßig geteilt werden, weil sie sonst vergreisen und in ihrer Blühfreudigkeit nachlassen. Die Vermehrung durch Samen wird als generative Vermehrung bezeichnet, die Vermehrung durch Teilung oder Stecklinge als vegetative.

Teilung

Fast alle Stauden lassen sich einfach durch Teilung vermehren. Im Laufe der Zeit vergrößert sich der Wurzelstock, aus dem sich dann zahlreiche Sprosse entwickeln. Lediglich Stauden mit Pfahlwurzeln lassen sich nicht teilen. Zu dieser Gruppe gehört zum Beispiel der orientalische Mohn *(Papaver orientale)*.

Zeitpunkt Für die Teilung gibt es zwei günstige Zeitpunkte: Nach der Blüte im Herbst oder vor dem Austrieb im Frühjahr, wenn die Knospen aus der Erde kommen, sich aber noch keine Blätter gebildet haben. Generell gilt: Herbstblüher werden im Frühjahr geteilt, Frühlings- und Sommerblüher im Herbst. Bei einigen rhizombildenden Stauden wie der Bart-Iris allerdings werden die Rhizome direkt nach der Blüte in Stücke zerschnitten und sofort wieder aufgepflanzt. Achten Sie dabei darauf, dass jedes Teilstück mindestens einen Austrieb aufweist.

Teilung Schritt-für-Schritt Für die Teilung graben Sie die Staude komplett aus und teilen den Wurzelstock durch einen kräftigen Hieb mit dem Spaten vertikal in zwei Teile. Besonders umfangreiche Wurzelstöcke können Sie auch in mehrere Stücke teilen. Sind die Wurzeln sehr verfilzt, können Sie auch mit zwei Grabegabeln in die Mitte stechen und den Wurzelstock durch Auseinanderziehen der Gabeln in zwei Teile reißen.
Die Teilstücke werden gleich danach wieder eingepflanzt, damit sie nicht austrocknen. Falls das nicht sofort möglich ist, verpacken Sie die Wurzeln in Plastiktüten und halten Sie sie feucht. Auf diese Weise lassen sich die Stauden einige Tage lagern. Große Staudenhorste können Sie ohne weiteres in vier bis fünf Teilstücke teilen.

Vergreisen vorbeugen Wie schon erwähnt, vergreisen viele Stauden, wenn sie jahrelang am gleichen Platz bleiben. Das innere der Staudenhorste wird immer kahler, nur im äußeren Bereich ist die Blüte noch zufriedenstellend. Der Zeitraum, in dem eine Verjüngungskur durch Teilung ansteht, ist je nach Gattung und Art sehr unterschiedlich. Bei den meisten Stauden genügt es, sie alle 6–8 Jahre zu teilen. Einige, wie Sonnenbraut *(Helenium),* Kokardenblume *(Gaillardia)* oder auch die meisten Präriegräser, sollten hingegen alle 3–4 Jahre geteilt werden. Manche Stauden, wie Päonien, können über Jahrzehnte ungestört an ihrem Standort bleiben. Nach einer Teilung kann es unter Umständen 1–2 Jahre bis zr nächsten Blüte dauern. Ein anderer Grund, warum man Stauden von Zeit zu Zeit teilen muss, kann ein allzu stürmischer Ausbreitungsdrang sein, der die Nachbarpflanzen bedrängt. Besonders Stauden, die sich durch Ausläufer ausbreiten, können nur auf diese Weise in ihre Schranken gewiesen werden.

Wurzelschnittlinge

Die Vermehrung durch Wurzelschnittlinge, besonders bei Stauden mit Pfahlwurzeln die einzige Vermehrungsmöglichkeit, ist nur unter Profi-Bedingungen erfolgreich. Am besten kaufen Sie solche Pflanzen zu.

1. Die Vermehrung von Dahlien ist einfach: zunächst die überwinterten Knollen von allen Stängelresten befreien.

2. Anhaftende Erde wird vorsichtig entfernt.

3. Schneiden Sie beschädigte oder angefaulte Stücke unbedingt ab.

4. Nach wenigen Wochen hat die Knolle neue „Finger“ ausgebildet, die Sie abtrennen können.

5. Pflanzen Sie die Teilstücke wieder in Kästen und stellen Sie sie an einen hellen Platz. Sobald sie angewachsen sind, entwickelt sich Laub.

6. Ab Mai können Sie die jungen Pflanzen ins Freie setzen.

Stecklinge

Abhängig von der Pflanzenart unterscheidet man krautige oder leicht verholzte (halbreife) und verholzte (reife) Stecklinge. Halbreife Stecklinge werden von Stauden und Halbsträuchern geschnitten, während reife Stecklinge von Gehölzen abgenommen werden. Die Mutterpflanzen, von denen die Stecklinge geschnitten werden sollen, müssen gesund und kräftig sein, sonst kränkeln auch die Stecklinge.

Schneiden von Stecklingen Stecklinge werden meist im Frühling oder im Spätsommer geschnitten. Bei Balkonblumen ist es sinnvoll, die Stecklinge Anfang August abzunehmen, damit sie bis Ende September zu kräftigen Jungpflanzen herangewachsen sind, die sich überwintern lassen. Auf diese Weise müssen Sie nicht die Mutterpflanzen überwintern, die im Zweifelsfalle zu viel Platz wegnehmen. Im Spätsommer sind auch immer genügend ausgereifte Stecklinge vorhanden, während die frischen Triebe im Frühling noch sehr weich sind.
Achten Sie beim Schneiden immer auf scharfes Schneidewerkzeug, sonst kommt es zu Quetschungen an der Schnittstelle. Die ideale Stecklingslänge beträgt 5–10 cm, wobei immer 4–5 Blattansätze vorhanden sein sollten. Schneiden Sie die Stecklinge einige Millimeter unter einem Blattknoten (Nodium) ab und entfernen Sie das unterste Blatt(paar). In dem Bereich knapp um den Blattknoten herum wird die Wurzelbildung am stärksten angeregt. Die Stecklinge werden anschließend so tief in die Erde gesetzt, dass die Blattknoten unter der Erde liegen.

Kopf- und Triebstecklinge In der Regel werden Stecklinge an den Triebenden abgenommen, man nennt sie dann Kopfstecklinge. Bei längeren Trieben können Sie diese aber auch in mehrere Abschnitte zerschneiden. Diese aus den unteren Bereichen gewonnenen Stecklinge heißen Triebstecklinge.

KOSMOS **TIPP**

Wichtig ist, dass die halbreifen Stecklinge weder zu weich noch zu hart sind. Zu weiche Stecklinge faulen leicht, bevor sie Wurzeln gebildet haben, zu harte Stecklinge bewurzeln sich ebenso schlecht. Als Faustregel gilt: die Stecklinge sollten sich zwar leicht mit einem scharfen Messer von der Mutterpflanze trennen lassen, aber Sie sollten doch einen deutlichen Widerstand beim Schneiden spüren.

Stecklinge stecken Stecklinge werden entweder einzeln in Töpfe oder zu mehreren in Kisten gesteckt. Dabei können Sie ruhig sehr dicht stecken. Achten Sie immer darauf, dass geschnittenes Stecklingsmaterial nicht länger liegenbleibt, bevor Sie es weiterverarbeiten. Als Substrat verwenden Sie spezielle Vermehrungserde, die Sie im Fachhandel erhalten. Sie sollte stets feucht, aber nicht nass gehalten werden. Bohren Sie mit einem Hölzchen Löcher und stecken Sie die Stecklinge vorsichtig hinein. Anschließend drücken Sie sie leicht fest und gießen sie an. Eine rasche Bewurzelung können Sie dadurch fördern, dass Sie die Gefäße mit Folie abdecken, um die Luftfeuchtigkeit zu erhöhen.

Steckhölzer

Während der Wintermonate lassen sich viele Gehölze auf einfache Weise durch Steckhölzer vermehren. Als Steckholz eignen sich kräftige, gesunde einjährige Triebe. Pro Trieb kann man daraus etwa 3–4 Steckhölzer schneiden.

Steckhölzer schneiden Zur Weiterverarbeitung werden die Triebe in 20 cm lange Stücke geschnitten. Es sollten mindestens 3–4 Augen an einem Steckholz sitzen. Wichtig ist, dass nach dem Ausbringen ins Freiland mindestens 2–3 Augen in der Erde stecken. Diese Triebknospen werden im Boden umgebildet. Anstelle von Trieben entstehen Wurzeln. Es empfiehlt sich, die Steckhölzer oben über einem Auge gerade abzuschneiden, unten hingegen werden sie schräg angeschnitten. Der unteren Schnittfläche sollte ein Auge gegenüberliegen. Durch die unterschiedlichen Schnittflächen wird ausgeschlossen, dass beim Stecken Ober- und Unterseite verwechselt wird.

Damit die Steckhölzer nicht zu früh austreiben oder gar austrocknen, werden sie gebündelt und in einem kühlen Keller bis zur Hälfte in Sand gesteckt.

Steckhölzer stecken Im März oder April, sobald der Boden aufgetaut ist, werden die Steckhölzer nun ins vorbereitete Erdreich gesteckt. In etwa zweifingerbreiten Abständen kommen sie zu zwei Drittel ihrer Länge in den Boden. Es genügt, wenn nur ein Auge über der Erdoberfläche sitzt. Der Trieb, der sich daraus entwickelt, reicht für die Entstehung einer neuen Pflanze. Nach dem Austreiben werden die Sträucher eingekürzt, um die Verzweigung anzuregen.

1. Füllen Sie ein Glas mit Wasser, decken es mit durchsichtige Folie ab und stechen Sie Löcher, um die Stecklinge durchzuführen.

2. Schneiden Sie mit einem scharfen Messer eine kräftige Triebspitze der Begonie ab.

3. Entfernen Sie alle unteren Blätter, lassen Sie nur am oberen Ende zwei bis drei stehen.

4. Stecken Sie die Stecklinge ins Glas, sodass die Stängel einige cm im Wasser sind.

5. Nach einiger Zeit bilden sich Wurzeln an der Schnittstelle.

6. Haben sich genügend Wurzeln gebildet, können Sie die Stecklinge in Töpfe setzen.

Aussaat

Obwohl es einfacher ist, fertige Pflanzen beim Gärtner oder im Gartencenter zu kaufen, macht es auch Spaß, selber Pflanzen für den Eigengebrauch heranzuziehen. Zudem sind manche Arten und bestimmte Sorten nur selten als Pflanzen erhältlich. Auch alle Wildstauden lassen sich aus Saatgut heranziehen.

Damit die Aussaat erfolgreich ist, sollten Sie einige grundlegende Dinge beachten. Zunächst eignen sich nicht alle Arten für die Aussaat zu Hause, denn sie haben ganz spezielle Wünsche an Faktoren wie Temperatur, Licht und Luftfeuchtigkeit, die vom Hobbygärtner nur schwer zu erfüllen sind. Einige Arten müssen schon im Januar ausgesät werden, damit sie bis zum Sommer blühfähig sind. Ohne zusätzliches Licht mit Hilfe spezieller Pflanzenleuchten entwickeln sich die Keimlinge nicht zufriedenstellend. Ab Februar können Sie auch auf einer hellen Fensterbank aussäen, denn nun werden die Tage bereits etwas länger und die Keimlinge erhalten genügend Licht.

Viele robuste Einjährige lassen sich auch gut an Ort und Stelle, also im Beet, aussäen. Da Sie die Pflanzen jedoch für die Bestückung von Kästen und Kübeln benötigen, ist die Anzucht in Kisten oder Einzeltöpfen sinnvoll. Sie lassen sich so besser umpflanzen. Die meisten Arten und Sorten müssen sowieso spätestens im März ausgesät werden, wenn es für eine Direktsaat draußen im Garten noch zu früh ist.

KOSMOS **TIPP**

Erde von Maulwurfshügeln eignet sich sehr gut als Basis für Aussaaterde, denn sie ist locker und in der Regel leicht zu bekommen, besonders in ländlichen Gebieten. Mischen Sie dazu 1 Teil Maulwurfserde, 1 Teil gewaschenen Sand und 1 Teil Torf. Die Erdmischung eignet sich auch gut als Substrat für die Stecklingsvermehrung.

Maulwurfshügel bestehen aus lockerer Erde, die sich auch als Aussaaterde eignet.

Aussaaterde Eine entscheidende Rolle für den Aussaaterfolg spielt die richtige Aussaaterde. Im Gegensatz zu den normalen Pflanzsubstraten ist Aussaaterde immer ungedüngt, da die Sämlinge zunächst kaum Nährstoffe benötigen. Zudem muss Aussaaterde keimfrei sein, denn die Sämlinge sind sehr anfällig für Schadorganismen jeglicher Art. Am besten verwenden Sie die im Handel erhältlichen fertig gemischten Aussaaterden.

Wie tief sollen die Samen in der Erde liegen? Als Faustregel für die richtige Aussaattiefe gilt, dass die Samen so hoch mit Erde bedeckt werden, wie sie dick sind. Sehr feine Samen werden häufig nicht mit Erde abgedeckt, sondern nur gut angedrückt. In diesem Fall müssen Sie aber besonders darauf achten, dass die Erde immer gut feucht gehalten wird, sonst kommt es zu keiner

Keimung. Einige Pflanzenarten gehören zu den sogenannten Lichtkeimern, dürfen also auf keinen Fall mit Erde abgedeckt werden. Dies ist aber immer auf den Samentüten vermerkt.

Behandlung der Jungpflanzen Wichtig ist auch das Angießen nach der Aussaat. Gröberes Saatgut wird am besten mit einem Brauseaufsatz gegossen, sehr feine Samen, die nicht oder kaum abgedeckt sind, können aber bei dieser Methode leicht aufgeschwemmt werden. Daher werden sie am besten mit einem Zerstäuber befeuchtet. Torfquelltöpfe und ähnliche durchlässige Behälter können auch einfach in eine Schale mit Wasser gestellt werden, damit sie sich vollsaugen.

Auch später müssen Sie die Aussaaten regelmäßig wässern. Beobachten Sie die Aussaatgefäße regelmäßig, um ein Gefühl für den richtigen Zeitpunkt zu bekommen. Wenn die Oberfläche leicht abgetrocknet ist, wird es Zeit für eine erneute Wassergabe. Warten Sie zu lange, sterben die Keimlinge sehr leicht ab, denn sie haben ja noch kaum Wurzeln.

Vorsicht Staunässe Staunässe ist der sichere Tod für die zarten Pflänzchen – nicht nur für Jungpflanzen. Als Gießwasser verwenden Sie am besten abgestandenes, zimmerwarmes Wasser.

1. Füllen Sie die Aussaaterde in die Schale und drücken Sie diese gleichmäßig an.

2. Streuen Sie den Samen gleichmäßig auf die Oberfläche. Sehr feinen Samen mit Sand vermischen.

3. Bedecken Sie die Samen mit einer dünnen Schicht Erde, am besten arbeiten Sie mit einem Sieb.

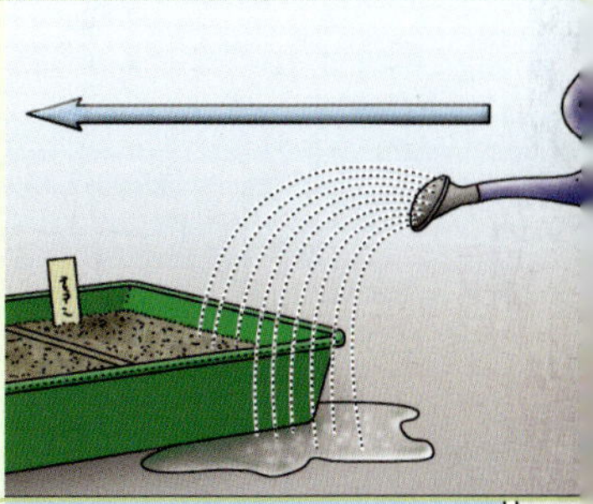

4. Gießen Sie alles vorsichtig an. Verwenden Sie unbedingt einen Brauseaufsatz.

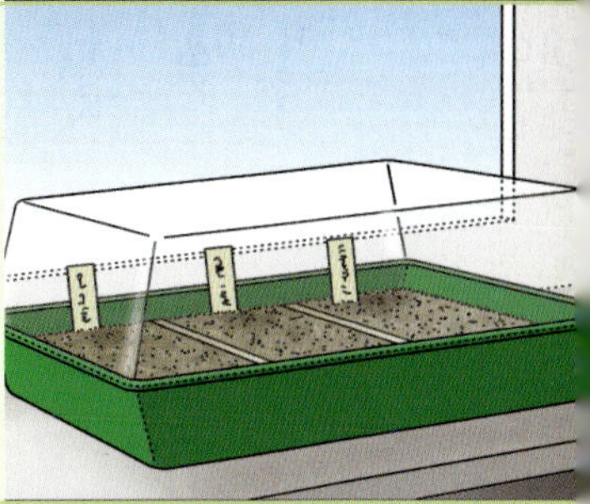

5. Eine Abdeckung hält die Feuchtigkeit und sorgt für bessere Keimung. Stecketiketten nicht vergessen!

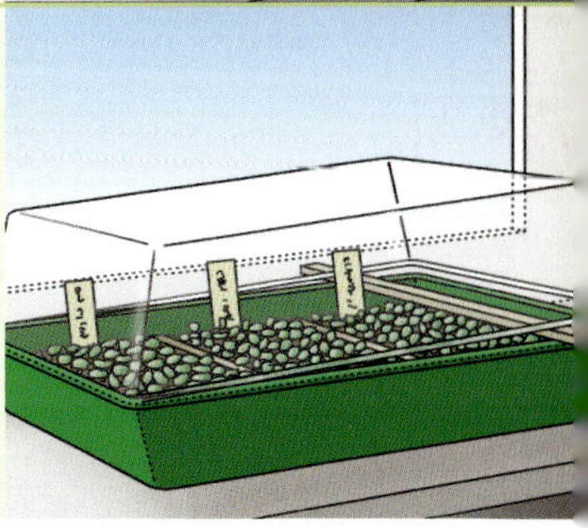

6. Nach erfolgter Keimung kann der Deckel zu Belüftung ein wenig angehoben werden.

Pflanzenschutz

Auch gut gepflegte und ernährte Pflanzen werden manchmal von Krankheiten und Schädlingen befallen und müssen entsprechend behandelt werden.

Wachstumsstörungen

Viele vermeintliche Krankheiten sind auf falsche Pflege zurückzuführen. Staunässe, Trockenschäden oder Blattnekrosen durch übermäßige Blattdüngergaben sind Pflegefehler.

Sonnenbrand Schadbild: Trockene, farblose Flecken auf dem Laub. Besonders Kübelpflanzen, die im Frühling zum ersten Mal nach draußen gebracht werden, können bei praller Sonne einen Sonnenbrand erleiden. Auch das Laub vieler Schattenpflanzen ist anfällig.
Vorbeugung und Bekämpfung: Um sie langsam an die Sonne zu gewöhnen, stellen Sie Ihre Pflanzen erst in den Schatten und lassen Sie sie dort einige Tage stehen. Dann kann man sie langsam wieder der direkten Sonneneinstrahlung aussetzen, indem man sie für die Morgenstunden oder in der späten Nachmittagssonne einige Zeit stehen lässt. Nach etwa 2–3 Wochen sind Ihre Pflanzen dann wieder an die Sonne gewöhnt und können auch wieder an stark besonnten Orten stehen.

Welke durch Staunässe Schadbild: Muffiger Geruch des Substrats, das sich feucht bis nass anfühlt. Dadurch setzt eine Blattaderchlorose ein, später hellen sich einzelne Partien im ganzen Blatt auf. Das Laub rollt sich nach oben hin ein und junge Blätter bleiben klein. Blattfall ist die Folge, da die toten Wurzeln kein Wasser liefern können.
Vorbeugung und Bekämpfung: Bei Kübelpflanzen muss das Substrat durch ein gutes, neues Substrat ersetzt werden. Die Dränageschicht am Topfboden wird ebenfalls überprüft und muss eventuell verbessert werden. Wurde einfach zu viel gegossen, so stellen Sie nun das Gießen ein und warten wirklich, bis das Substrat richtig getrocknet ist. Auch im Beet lässt sich die Situation durch Bodenlockerung und Einbringen einer Dränageschicht verbessern.

Stickstoffmangel Schadbild: An den älteren Blättern treten zuerst Blattaufhellungen und Vergilbungen auf. In der weiteren Entwicklung verfärben sich alle Blätter hellgrün bis gelb, auch die Blattadern. Im Unterschied dazu tritt Eisenmangel an den jüngeren Blättern auf. Die Adern bleiben hier grün. Bei starken Mangelerscheinungen fallen die älteren Blätter ab. Es bleibt dann an den Trieben oft nur noch ein Kranz jüngerer, vergilbter Blätter.
Vorbeugung und Bekämpfung: Mineralische Dünger, zum Beispiel Schwefelsaures Ammoniak und Ammonsulfatsalpeter, haben sich für eine bessere Laubausfärbung und Blütenknospenbildung gut bewährt, wenn der Schadensfall bereits eingetreten ist.
Eine gute Stickstoffquelle ist auch Kompost. Er wird in einer Schicht von etwa 1 cm auf den Boden ausgebracht und oberflächlich eingearbeitet. Kompost erhöht gleichzeitig die organische Substanz des Bodens, aktiviert das Bodenleben, verbessert den Wasser- und Lufthaushalt und ist reich an Spurenelementen.

Eisenmangel (Chlorose) Schadbild: Die jüngeren Blätter an den Triebspitzen hellen sich auf und vergilben. Die Blattadern bleiben zunächst noch grün, sodass ein feines Adergitterwerk entsteht. Bei starkem Mangel verfärben sich die Blätter zitronengelb und vertrocknen vom Rand her.
Pflanzen, denen es im Boden an aufnehmbarem Eisen fehlt, reagieren mit Vergilbungen an den jüngsten Blättern.
In der Pflanze hat das Eisen wichtige Aufgaben unter anderem bei der Bildung des Blattgrüns (Chlorophyll), bei der Atmung und als Bestandteil zahlreicher Enzyme.
Ein Mangel an pflanzenaufnehmbarem Eisen kann auf leichten, zur Trockenheit neigenden Böden durch einen zu hohen pH-Wert hervorgerufen werden.
Vorbeugung und Bekämpfung: Bei hohen pH-Werten (über 6) ist eine unmittelbare Düngung mit einem Eisendünger oft wirkungslos, da das Eisen in gut durchlüfteten Böden dann in einer Form vorliegt, die die Pflanzenwurzel nicht aufnehmen kann. In diesem Fall ist eine Spritzung mit Eisenspezialdünger sinnvoll.

Vorbeugende Maßnahmen für gesunde Pflanzen Wichtig für ein gutes Gedeihen der Pflanzen ist eine sorgfältige Bodenvorbereitung und eine auf die Bedürfnisse der Pflanzen abgestimmte Düngung. Besonders eine zu großzügige Stickstoffdüngung führt zu mastigen, anfälligen Pflanzen.
Undurchlässiger Boden, auf dem das Wasser schlecht abzieht, begünstigt die Fäulnisbildung. Die Lockerung und Verbesserung der Durchlässigkeit gehört zu den wichtigsten Vorbereitungsmaßnahmen vor der Pflanzung.
Gießen Sie bei Bedarf eher selten, dafür aber umso ausgiebiger.
Setzen Sie Pflanzen mit üppigem Laub nicht zu dicht, denn dadurch werden Pilzkrankheiten wie Mehltau begünstigt.

Ein typisches Zeichen für Chlorose sind die dunkleren Blattadern der gilbenden Blätter.

Eisenmangel tritt vor allem an jungen Blättern auf.

Wird Efeu aus dem Schatten in die Sonne gestellt, kann Sonnenbrand auftreten.

Achten Sie auf die Pflegehinweise und Standortangaben in den Pflanzenporträts, um den Ansprüchen der Pflanzen gerecht zu werden.

Krankheiten

Nicht nur Mangelerscheinungen lassen Pflanzen kümmern, manchmal sind auch Pilze und Viren am schlechten Zustand schuld. An optimalen Standorten stehende und gut versorgte Pflanzen sind am wenigsten gefährdet, doch manchmal kommt es durch widrige Witterungseinflüsse trotzdem zu einem Befall. Achten Sie bei den Bekämpfungsmaßnahmen darauf, dass Sie auf möglichst sanfte und nützlingsschonende Mittel zurückgreifen.

Grauschimmel Schadbild: Blütenknospen sind mit einem grauen Belag überzogen und fallen ab.
Ursache: Der Standort ist zu luftfeucht oder es herrscht eine längere Regenperiode.
Bekämpfung: Meist reicht es schon, die befallenen Knospen abzuschneiden und zu vernichten. Eventuell können Sie vorbeugende Spritzungen vornehmen.

Mehltau Schadbild: Mehliger weißer Belag auf Triebspitzen und Blättern. Bei Rosen findet sich der Belag auch häufig auf den Blütenknospen.
Ursache: Starker Unterschied zwischen Tag- und Nachttemperaturen, allgemein feuchtes Wetter, sodass das Laub nur unzureichend trocknet.
Bekämpfung: Die befallenen Triebe müssen entfernt werden, danach können Sie mit einem Fungizid spritzen.

Rostpilze Schadbild: Blattunterseits finden sich orangegelbe Pusteln, auf der Blattoberseite gelbe Punkte. Die Blätter sind deformiert und fallen danach ab. Befallen werden vor allem Stockrosen, Malven und Weiden.

Grauschimmel tritt vor allen bei längeren Regenperioden auf.

Starker Befall von Mehltau kann Pflanzen empfindlich schwächen.

Vorbeugung und Bekämpfung: Befallene Blätter und Pflanzenteile entfernen.
Lassen Sie die abgeschnittenen Pflanzenteile nicht auf dem Boden liegen und werfen Sie diese nicht in den Kompost, da sich der Pilz sonst weiterverbreiten kann. Zur Vorbeugung lassen sich Pflanzenstärkungsmittel einsetzen, bei Befall zugelassene Präparate.

Zweigsterben Schadbild: Die Pilzinfektion erfolgt über die Endknospe, diese verbräunt. Entlang der Blattmittelrippe treten braune Blattflecken auf. An befallenen Trieben verlieren die Blätter ihren Glanz, verfärben sich oft graubraun und rollen sich ein. Die Zweige schrumpfen und verbräunen, es kommt zu Welkeerscheinungen. Stark infizierte Blätter fallen ab. Der Befall ist meist nur auf wenige Triebe begrenzt, benachbarte Triebe bleiben gesund. Feucht-warme Witterung begünstigt die Infektion.
Vorbeugung und Bekämpfung: Befallene Triebe bis ins gesunde Holz zurückschneiden, das Schnittgut vernichten, da sonst die Pilzsporen im Boden überleben und immer wieder eine neue Infektionsquelle darstellen.

EXTRA

Pflanzenschutzmittel

Pflanzenschutzmittel unterliegen der Pflanzenschutzverordnung und dürfen nur streng nach Anleitung ausgebracht werden. Auf der Verpackung sind alle wichtigen Daten zu lesen, wie die Bezeichnung des Mittels, Wirkstoffe und Verfallsdatum. Wichtig sind außerdem Angaben zu Wartezeiten, den erforderlichen Schutzmaßnahmen und das zugelassene Anwendungsgebiet, etwa Freiland, Innenräume, Beschränkungen für bestimmte Pflanzenarten. Lesen Sie die Gebrauchsanleitung auch zu Ihrem eigenen Schutz sehr sorgfältig. Sie dürfen nur Mittel verwenden mit dem Aufdruck „Anwendung im Haus- und Kleingarten zulässig".
Sorgfalt ist bei der Dosierung von Pflanzenschutzmitteln vonnöten. Um die gewünschte Wirkung zu erzielen, muss die Konzentration stimmen. Dosierhilfen, wie Messbecher, die stets in der Packung enthalten sind, erleichtern das Ansetzen von Spritzbrühen.
Stellen Sie keine größeren Mengen von Spritzbrühen her als notwendig. Bleiben Restmengen übrig, dürfen diese keineswegs ins Abwasser gelangen. Reste von Pflanzenschutzmitteln oder Spritzbrühen sind Sondermüll.
Wenn Sie sich bei der Dosierung unsicher sind, können Sie auf anwenderfreundliche Fertigprodukte zurückgreifen. Solche Spritzbrühen sind in Sprühflaschen abgefüllt und müssen nicht mehr selbst angemischt werden.
Tragen Sie beim Anmischen und bei allen Pflanzenschutzmaßnahmen immer Schutzhandschuhe. Zum Aufbewahren sind Pflanzenschutzpräparate an einem kühlen, frostfreien und trockenen Ort kindersicher und in der Originalverpackung zu lagern.

Schädlinge

Nicht nur verschiedene Krankheiten und Mangelerscheinungen setzen den Pflanzen zu, auch tierische Schädlinge haben sich auf Blüten, Blätter und Wurzeln spezialisiert. Meist ziehen Schädlinge schnell die entsprechenden Fressfeinde nach sich, sodass bald wieder ein Gleichgewicht hergestellt ist. Bei starkem Befallsdruck können aber auch gezielte Bekämpfungsmaßnahmen nötig werden.

Wühlmäuse Schadbild: Absterbende Pflanzen, da die unterirdischen Teile abgefressen werden.
Vorbeugung und Bekämpfung: Um Pflanzen vor dem Verbiss zu schützen, werden sie an gefährdeten Standorten in speziellen Pflanzkörben in die Erde gesetzt. Wühlmäuse dauerhaft zu vertreiben, ist sehr schwierig. Auf dem Markt sind verschiedene Fallen, aber die Mäuse sind sehr schlau und haben einen ausgesprochen guten Geruchssinn, sodass sie die Fallen meist meiden. Manchmal hilft es, größere Mengen an Hundehaaren in die Gänge zu schieben, um sie zu vertreiben. Auch Systeme, die für Menschen unhörbare Ultraschalltöne erzeugen, können in den Gängen ausgelegt werden und sollen die Mäuse verjagen. Was wirklich hilft, probiert am besten jeder selbst aus. Die vermeldeten Erfolge sind jedenfalls sehr unterschiedlich. Auch im Garten geduldete Katzen können Mäusepopulationen zumindest dezimieren.

Schnecken Schadbild: Frische Triebe, besonders von Dahlien, sind für Schnecken absolute Leckerbissen. Die braunen Nacktschnecken können in einer Nacht komplette Beete mit frisch ausgetriebenen Pflanzen vernichten.
Vorbeugung und Bekämpfung: Für die Abwehr gibt es verschiedene Möglichkeiten. Sie können die Schnecken bei Dunkelheit, wenn sie aus ihren Verstecken kommen, aufsammeln und entweder an einer weit entfernten Stelle wieder aussetzen oder vernichten. Schaffen Sie im Garten Unterschlupfmöglichkeiten für Igel. Sie vertilgen große Mengen von Schnecken. Sie können auch Barrieren um die zu schützenden Pflanzen errichten, die für Schnecken unüberwindlich sind. Breite Streifen aus trockenem Gesteins- oder Sägemehl sind für Schnecken ein wirksames Hindernis, allerdings müssen sie nach Regenfällen immer wieder erneuert werden. Auch Bierfallen sind eine wirksame Methode gegen Schneckenplagen. Graben Sie dazu Joghurtbecher oder ähnliche Behälter so ein, dass der obere Rand mit dem Erdboden abschließt. Die Schnecken werden durch das Bier angelockt, fallen hinein und ertrinken. Schneckenkorn auf Schwefelbasis ist umweltverträglich und auch unbedenklich für Igel und andere Nützlinge im Garten.

Blattläuse Schadbild: An den Blattunterseiten tummeln sich zahlreiche kleine, grüne oder schwarze Insekten, die geflügelt oder ungeflügelt sein können. Bei starkem Befall können die Blätter durch deren saugende Tätigkeit absterben. Durch den sich bildenden Honigtau werden zusätzlich Ameisen angelockt, die häufig Rußtaupilze übertragen.
Vorbeugung und Bekämpfung: Leichten Befall muss man nicht unbedingt bekämpfen, er sollte ihn aber eingehend beobachten. Oft regelt die Natur das Problem selber, indem sich Larven von Marienkäfern und Schwebfliegen einfinden, die die Population rasch vernichten. Bei starkem Befall helfen Spritzmittel auf Pyrethrum-Basis, die nach Vorschrift angewendet werden.

Schildläuse Schadbild: Bemerkbar machen sich Schildläuse durch ihre Schutzschilde in Form von bis zu 5 mm großen, bräun-

lichen Hügeln am Stamm oder den Zweigen einer Pflanze. Sie saugen Pflanzensaft, was bei starkem Befall dazu führen kann, dass Teile der Pflanze absterben.
Vorbeugung und Bekämpfung: Normale Spritzmittel nützen nicht viel, da die Läuse durch ihren Schild vor deren Wirkung geschützt sind. Hier müssen systemische Mittel angewandt werden, die durch Aufsprühen die gesamte Pflanze für den Behandlungszeitraum giftig machen. Pflanzensticks, die in die Erde gesteckt werden, sind eine praktische Alternative. Die Behandlung ist erst abgeschlossen, wenn alle Schildläuse von der Pflanze abgefallen sind.

Spinnmilbe Schadbild: Spinnmilben siedeln sich an den Unterseiten der Blätter und an den Triebspitzen einer Pflanze an, und sie sind so klein, dass sie mit bloßem Auge kaum zu erkennen sind. Bei starkem Befall kann man die hauchdünnen Gespinste, die von den Milben erzeugt werden, mit bloßem Auge erkennen. Dann fällt auch die leicht bräunliche Verfärbung auf den Blattunterseiten auf und der silbrige Hauch auf den Blattoberseiten. Im Grunde ist es dann aber schon zu spät.
Vorbeugung und Bekämpfung: Als Sofortmaßnahme sollte die Pflanze sofort mit einem harten Wasserstrahl abgeduscht werden, denn Feuchtigkeit mögen die Milben nicht. Zur endgültigen Bekämpfung sind aber Pflanzenschutzmittel notwendig. Systemisch wirkende Mittel sind hier die erste Wahl.

Weiße Fliege Schadbild: Die weiße Fliege ist mit den Schildläusen verwandt und wird deshalb auch als Schildmotte bezeichnet. Das Insekt selbst ist etwa 2 mm lang und weiß, sitzt an den Blattunterseiten und saugt dort den Pflanzensaft. Die angesaugten Blätter werden gelblich und trocknen ein. Auf der Oberseite bildet sich klebriger Honigtau, auf dem sich zusätzlich auch noch Pilze ansiedeln können.
Vorbeugung und Bekämpfung: Manchmal kann schon ein Standortwechsel an eine luftige, kühle Stelle helfen. Hilfreich ist auch das Aufhängen von Gelbtafeln und der gezielte Einsatz von Schlupfwespen.

Minierfliege Schadbild: Unregelmäßige, sehr helle Gänge in den Blättern, etwa 1 mm breit. Die kleinen Larven fressen sich während ihrer Fortbewegung durch das innenliegende Gewebe im Blatt. Stellt man den Befall fest, kann man die kleinen Larven in der Regel sogar noch am Ende der Gänge erkennen.
Vorbeugung und Bekämpfung: Ist der Befall noch gering, reicht es aus, die befallenen Blätter zu entfernen und entweder weit weg zu entsorgen oder durch Verbrennen zu vermeiden, dass sich die Larven weiterentwickeln. Bei starkem Befall helfen systemische Mittel.

Die Saugtätigkeit der Weißen Fliege führt zu deformierten Blättern.

Nützlinge

Als Nützlinge bezeichnet man Tiere, die Schädlinge oder pflanzenschädigende Pilze fressen oder in ihrer Entwicklung hemmen. Als Verbündete des Gärtners lassen sie sich gezielt bei einem Befall einsetzen, sodass man häufig auf den Einsatz von Pflanzenschutzmittel verzichten kann.

Raubmilben Milben sind keine Insekten sondern gehören zur Klasse der Spinnentiere. Es sind sehr kleine, mit dem bloßen Auge kaum wahrnehmbare Tiere. Ihr Körper ist im Gegensatz zu den Spinnen einteilig.

Bei den gärtnerisch nützlichen Milben handelt es sich um Raubmilben. Diese nur 0,3–0,5 mm großen Tiere ernähren sich von den blattschädigenden Spinnmilben und deren Eiern und Larven. Raubmilben spielen als natürliche Feinde der Spinnmilben besonders an Obstbäumen, aber auch an Kübelpflanzen eine wichtige Rolle und lassen sich gezielt in Inennräumen einsetzen
Heckenbiotope und der Verzicht auf chemische Pflanzenschutzmittel wirken sich auf den Raubmilbenbestand positiv aus. Ein ge-

Marienkäfer sind zuverlässige Helfer bei der Bekämpfung von Blattläusen.

zielter Einsatz von Raubmilben erfolgt im Erwerbsgartenbau darüber hinaus auch gegen, Rote Baumspinne, Thripse und Zitrus-Milbe.

Ohrwürmer Ohrwürmer sind nachtaktive Insekten und zählen zu den Allesfressern. Obwohl Ohrwürmer Flügel haben, fliegen sie kaum. Ohrwürmer haben eine unvollkommene Verwandlung. Die 10–20 mm großen Insekten ernähren sich überwiegend von Blattläusen, Schildläusen, Raupen und anderen kleinen Insektenlarven. Sind keine Läuse vorhanden, fressen Ohrwürmer auch Blüten, Früchte und andere Pflanzenteile. Sie halten sich tagsüber in Verstecken wie Mauerritzen, unter Brettern und Laub auf und nehmen gerne künstliche Behausungen an wie mit Holzwolle gefüllte Blumentöpfe. In Obstbäumen deponierte Ohrwurmtöpfe müssen Stammkontakt haben. Sind in den Kulturen keine Schädlinge mehr vorhanden, sollte man die Vorrichtungen umhängen, da sonst auch Pflanzenteile gefressen werden.

Florfliegen Die Familie der Florfliegen beinhaltet über 20 heimische Arten. Die bekannteste und auch häufigste Art in unseren Gärten ist die Gemeine Florfliege, ein zartes grünes Insekt mit einer Körperlänge von 5–10 mm. Sie hat wie alle Netzflügler zwei Paar netzartige Flügel mit einer Spannweite von 20–30 mm, die sie in Ruhestellung dachförmig über dem Körper zusammenlegt. Besonders auffallend aber sind die zwei großen, halbkugelförmigen, goldglänzenden Augen, weshalb sie volkstümlich auch als „Goldauge" bezeichnet wird. Die Larven der Florfliegen leben im Gegensatz zu den erwachsenen Tieren räuberisch. Ihre Nahrung besteht hauptsächlich aus Blattläusen, kleinen Raupen, Spinnmilben und Eiern von Insekten und Spinnmilben. Vollständig entwickelte Florfliegen ernähren sich von Blütennektar und vom Honigtau der Blattläuse.

Schädling	an Pflanze	Nützling/ Gegenspieler
Blattläuse	Rosen, Stauden	Marienkäfer, Florfliegen
Spinnmilben	Kübelpflanzen, Immergrüne	Raubmilben
Raupen, z. B. Apfelwickler	Obstgehölze	Ohrwürmer

Marienkäfer Der bekannte Marienkäfer kommt mit etwa 100 Arten in Mitteleuropa vor. Die meisten Arten werden zu den Nützlingen gerechnet und ernähren sich bevorzugt von Blattläusen, unter anderem auch der allseits bekannte Siebenpunkt. Übrigens gibt die Anzahl der Punkte auf den Flügeldecken nicht, wie vielfach angenommen, das Alter an, vielmehr handelt es sich hier um eine art- oder variantentypische Körperzeichnung. Sechzehnpunkt- und Zweiundzwanzigpunktkäfer-Arten verzehren vor allem Mehltaupilze.
Das Marienkäferweibchen legt die Eier an den Blattunterseiten ab, oft in der Nähe von Blattlauskolonien ab. Eine Ausnahme bilden die Arten, die sich von Schildläusen ernähren, sie legen ihre Eier einzeln unter die Schilde ihrer Beutetiere. Pro Weibchen können, je nach Marienkäferart, bis zu insgesamt 400 Eier abgelegt werden. Voll entwickelte Larven und Käfer können pro Tag bis zu 50 Blattläuse verzehren und so während ihrer mehrere Wochen dauernden Larvenentwicklung 500–800 Blattläuse vertilgen. Marienkäfer brauchen besonders nach der Überwinterung Blattläuse als Nahrung.
Es ist also nachteilig, wenn man die ersten Blattläuse sofort rigoros bekämpft. Wichtig sind auch natürliche Überwinterungsplätze unter Holz- oder Laubhaufen, in die sich die erwachsenen Käfer im Herbst zurückziehen können.

Die Larve des Marienkäfers wird auch Blattlauslöwe genannt und kan pro Tag zahlreiche Blattläuse vertilgen.

Schwebfliegen Bekannt sind die in der Färbung den Wespen sehr ähnlichen Schwebfliegenarten. Sie haben einen gelbschwarz gezeichneten Hinterleib. Schwebfliegen können auf der Stelle fliegen und stechen nicht. Die Larven vieler Schwebfliegenarten leben räuberisch und vertilgen insbesondere Blattläuse.
Schwebfliegen erscheinen schon sehr zeitig im Jahr, dadurch reduzieren sie die frühen Blattlauspopulationen. Die Weibchen suchen zur Eiablage gezielt nach Blattlauskolonien und legen ihre ca. 1 mm großen Eier direkt in deren Nähe ab. Die schlüpfenden Larven finden so sofort Nahrung. Ein Weibchen kann weit über 1000 Eier ablegen. Zum Überwintern von Schwebfliegen sind Hecken, alte Baumstümpfe und auch Trockenmauern hilfreich.

Erklärung der Symbole im Porträtteil

Blütenfarbe

geringer Wasserbedarf
normaler Wasserbedarf
hoher Wasserbedarf

V/VI Erntezeit in Monaten

sonniger Standort
halbschttiger Standort
schattiger Standort

↑ 50-100 Wuchshöhe in cm

Blumen von A–Z

Sommerblumen, Stauden, Rosen, Blütensträucher – die Auswahl an Blumen für den Garten ist riesig. Unter den folgenden Arten und Sorten finden sich bewährte Klassiker, interessante Neuheiten, pflegeleichte Begleitpflanzen und faszinierende Solitäre für architektonische Akzente.

Edel-Garbe
Achillea filipendulina

80-120 | VI/VIII

Aussehen Blüten in goldgelben flachen Dolden, Laub silbergrau, gefiedert. Schöne Staude für sonnige Rabatten, sehr schön in Kombination mit Rittersporn, Kugeldistel *(Echinops)* und Salbei *(Salvia).* Blütenstände lassen sich gut für floristische Zwecke trocknen.
Pflege Bevorzugt nährstoffreiche, durchlässige Böden, verträgt keine schweren, staunassen Böden. Durch regelmäßiges Abschneiden welker Blüten verlängert sich die Blütezeit. Im 2–4jährigen Rhythmus teilen und neu aufpflanzen.
Sorten 'Coronation Gold', goldgelb, 80 cm, 'Küstennebel', cremeweiß, 90 cm.

Schaf-Garbe
Achillea millefolium

50-80 | VI/VIII

Aussehen Flache zierliche Blütendolden, Laub graugrün, fein gefiedert, Wuchs aufrecht horstartig. Schöne Beet- und Schnittstaude, die besonders gut mit Wildstauden und Gräsern harmoniert. Als Schnittblume in der Vase lange haltbar.
Pflege Bevorzugt nährstoffreiche, aber durchlässige Böden. Im 2–4jährigen Rhythmus teilen und neu aufpflanzen. Rückschnitt nach der Blüte regt Nachblüte an.
Sorten 'Fanal', leuchtend rot, 60 cm, 'Lachsschönheit', lachsrosa, 60 cm, 'Lilac Beauty', hellviolett, 80 cm, 'Sammetriese', dunkelrot, 80 cm, 'Terracotta', orange, 80–100 cm.

Blauer Eisenhut
Aconitum napellus

100-150 | VII/VIII

Aussehen Helmförmige Blüten in langen, schmalen Rispen, Laub handförmig, fein geschlitzt. Sehr gut am Gehölzrand oder unter lichten Gehölzen zu verwenden, schöner Farbtupfer zwischen Stauden mit hellen Blüten wie Silberkerze *(Cimicifuga)* und Anemonen *(Anemone).*
Pflege Benötigt frische, nährstoffreiche Böden, Rückschnitt abgeblühter Blütenstände bis zu den oberen Stängelblättern.
Sorten und weitere Arten 'Schneewittchen', weiß, 100 cm, Herbst-Eisenhut *(A. carmichaelii),* Blütezeit IX–X, Garten-Eisenhut (*A.* × *cammarum* 'Bicolor'), zweifarbig.

Duftnessel
Agastache rugosa

↑ 60-90 VII/IX

Aussehen Wuchs straff aufrecht, horstbildend, Lippenblüten in kerzenartigen Blütenständen, Blatt eiförmig, graugrün. Die ganze Pflanze duftet bei Berührung aromatisch, ihre Blätter können auch als Beigabe im Salat oder als Teekräuter verwendetwerden.
Pflege Rückschnitt nach der ersten Blüte bewirkt meist eine Nachblüte, Schutz vor Winternässe und Staunässe, Rückschnitt nach der Blüte, versamt sonst leicht.
Sorten 'Black Adder', lila mit dunklen Knospen, 130 cm, 'Golden Jubilee', Laub hellgrün, 80 cm, 'Blue Fortune', blauviolett, 100 cm.

Frauenmantel
Alchemilla mollis

↑ 30-40 VI/VII

Aussehen Grüngelbe, kleine Einzelblüten in lockeren Rispen, schleierartiger Gesamteindruck, Laub frischgrün, rundlich, gelappt. Anspruchslose Staude mit dekorativem Laub, auf dem sich Tau- und Wassertropfen sammeln. Gut mit Storchschnabel *(Geranium)* und Funkien *(Hosta)* zu kombinieren. Guter Bodendecker.
Pflege Radikaler Rückschnitt nach der Blüte fördert frischen Blattaustrieb und kompakten Wuchs, verhindert außerdem unerwünschte Versamung.
Weitere Arten *A. erytripoda,* 10-15 cm, auch für den Steingarten geeignet.

Röhrenstern
Amsonia tabernaemontana

↑ 80-100 VI/VII

Aussehen Wuchs aufrecht, horstbildend, Blüte himmelblau, sternförmige kleine Blüten in endständigen lockeren Doldenrispen, Laub dunkelgrün, lanzettlich, glatt. Staude mit seltener Blütenfarbe für Rabatten. Vom Erscheinen des lilafarbenen Austriebs im Frühjahr bis zur leuchtend gelben Herbstfärbung bietet die Staude immer einen erfreulichen Anblick. Auch für den trockeneren Bereich am Teichrand geeignet.
Pflege Bevorzugt frische, schwere, lehmige Böden, auch mit hohem Kalkgehalt. Rückschnitt nach der Blüte, wenn keine Versamung erwünscht ist. Kann jahrelang am Standort verbleiben, breitet sich langsam aus.

Herbst-Anemone
Anemone-japonica-Hybriden

↑ 60-100 IX/X

Aussehen Wuchs aufrecht, horstbildend, Stängel reich verzweigt. Blüten schalenförmig oder gefüllt, Laub dreilappig, stumpfgrün, weich behaart. Elegante Herbststaude für die Kombination mit anderen Schattenstauden wie Silberkerze, Astilben und Eisenhut.
Pflege Bevorzugt nährstoffreiche humose Böden. Im ersten Winter durch eine dicke Laubdecke schützen, ansonsten pflegeleicht.
Sorten 'Bressingham Glow', dunkelrosa, 60 cm, 'Honorine Jobert', weiß, 100 cm, 'Pamina', dunkelrosa, halbgefüllt, 70 cm, 'Rosenschale', rosa, großblumig, 80 cm.

Akelei
Aquilegia vulgaris

↑ 50-80 V/VI

Aussehen Nickende Glockenblüten, gespornt, mit herausragenden Staubgefäßen. Laub blaugrün, dreiteilig zusammengesetzt, zieht nach der Blüte ein. Kurzlebige Staude, die sich jedoch reichlich aussät, auch zur Verwilderung geeignet. Am besten zwischen andere Stauden oder Bodendecker pflanzen, die das einziehende Laub überwachsen.
Pflege Für alle humosen, auch lehmigen Böden.
Verwandte Arten Gold-Akelei *(A. chrysantha)*, gelb mit besonders langen Spornen, 80 cm, *Caerulea*-Hybriden, viele Farben, großblumig, auch gefüllte Formen, 60-80 cm.

Geißbart
Aruncus dioicus

↑ 150-200 VI/VII

Aussehen Breite Horste bildend, Blüten cremeweiß, in duftigen Rispen, Laub frischgrün, groß, gefiedert. Auffallende Großstaude, einzeln oder in Gruppen, kommt vor dunklen Gehölzen besonders gut zur Geltung. Vergesellschaftung mit Funkien *(Hosta)*, Astilben *(Astilbe)*, Wiesenraute *(Thalictrum)* und Schaublatt *(Rodgersia)*.
Pflege Standort halbschattig bis schattig, nährstoffreiche, humose, auch feuchte Böden.
Sorten und weitere Arten *A. dioicus* 'Knifii', nur 70 cm hoch, geschlitztes Laub; *A. sinensis* 'Zweiweltenkind', braunroter Laubaustrieb und spätere Blütezeit, 180 cm.

Glattblättrige Herbst-Aster
Aster novae-belgiae

↑ 100-180 IX/X

Aussehen Wuchs aufrecht, dichte Horste bildend, kleine Strahlenblüten in dichten Büscheln an den Enden der Stängel. Laub stumpfgrün, glatt, breit lanzettlich. Durch die späte Blütezeit wertvoll. Schöne Staude mit guter Farbwirkung, lässt sich gut mit Gräsern und anderen im herbstblühenden Astern, zum Beispiel Myrten-Aster *(A. ericoides),* kombinieren.
Pflege Bevorzugt nahrhafte, frische, aber durchlässige Böden. Nach der Blüte handbreit über der Erde zurückschneiden, alle 4-6 Jahre teilen.
Sorte 'Schöne von Dietlikon', violett, 120 cm.

Prachtspiere
Astilbe-Hybriden

↑ 30-100 VI/VIII

Aussehen Wuchs horstartig, durch kurze Ausläufer breitwüchsig. Blüte zahlreich in fedrigen Rispen, am Stängelende.
Pflege Benötigt humosen, frischen Boden und ausreichende Feuchtigkeit besonders während der Blüte. Bei Trockenheit reichlich gießen. Blütenstände erst im Frühling zurückschneiden, da sie sehr dekorativ sind.
Weitere Arten *A. chinensis* var. *pumila,* 30 cm, kommt auch mit trockenem Boden und stärkerer Sonneneinstrahlung zurecht; *A. chinensis* var. *taquetii,* 90 cm, straff aufrecht mit kurzen Ausläufern, verträgt zeitweilige Trockenheit.

Bergenie
Bergenia-Hybriden

↑ 100-150 VII/VIII

Aussehen Wuchs kriechend, mit aufsteigenden Blütenstängeln. Laub groß, derb, glänzend, löffelförmig bis rund, immergrün. Blüten in dichten Trugdolden an den Stängelenden.
Pflege Genügsame und pflegeleichte Staude für fast jede Gartensituation. Übersteht auch längere Trockenheit im Sommer. Unansehnlich gewordenes Laub abschneiden, Verjüngung durch Abtrennung von zu hoch wachsenden Rhizomen.
Sorten 'Admiral', karminrot, 40 cm, 'Baby Doll', hellrosa, Zwergsorte, 20 cm, 'Morgenröte', rosa, blüht mehrmals, 50 cm, 'Rote Schwester', rot, 40 cm.

Kaukasusvergissmeinnicht
Brunnera macrophylla

↑ 30-40 IV/V

Aussehen Wuchs buschig, horstbildend, Blüten einfach, in lockeren Rispen. Laub herzförmig, dunkelgrün, rau.
Pflege Optimaler Standort am Gehölzrand an sonniger bis halbschattiger Stelle auf frischem Boden. Bevorzugt gut durchlässigen Boden. Langlebig, möglichst viele Jahre nicht umpflanzen. Rückschnitt abgeblühter Blütenstände bis zu den oberen Stängelblättern.
Sorten ‘Betty Bowring’, weiß blühend mit ständiger Nachblüte über den Sommer; ‘Jack Frost’, rundliche Blätter mit stark ausgeprägter silbriger Mitte, 40 cm, ‘Langtrees’, geflecktes Laub, 30 cm.

Sumpfdotterblume
Caltha palustris

↑ 30 IV/V

Aussehen Wuchs verzweigt, kompakte Kuppeln bildend. Blüte dottergelb, wie größere Hahnenfußblüten, Laub dunkelgrün, rundlich herzförmig. Heimische Staude für die Randbepflanzung von Teichen und Bachläufen. Gut mit Sauergräsern und Sumpfstauden wie Pfeilkraut *(Sagittaria latifolia)* und Igelkolben *(Sparganium)* zu vergesellschaften.
Pflege Standort sonnig bis schattig, für alle feuchten bis nassen Böden. Kann sich an zusagender Stelle aussäen.
Sorten ‘Multiplex’, dicht gefüllte Blüten, ansonsten wie die Art; *C. palustris* var. *alba*, weiß blühend, gedrungener Wuchs, 20 cm.

Wald-Glockenblume
Campanula latifolia var. *macrantha*

↑ 80-120 VI/VII

Aussehen Wuchs aufrecht, lockere Horste bildend. Längliche Glockenblüten, die dicht bis hinauf zur Spitze an aufrechten Stängeln sitzen. Laub mattgrün, breit lanzettlich, behaart. Schöne Waldrandstaude für naturnahe Pflanzungen, kann gut mit Farnen und Schattengräsern kombiniert werden. Sehr gute Farbwirkung zusammen mit Purpur-Fingerhut *(Digitalis purpurea)*.
Pflege Bevorzugt nährstoffreiche, humose Böden, die eher frisch als trocken sein sollten.
Sorte ‘Alba’, weiße Glockenblüten an straff aufrechten Stielen. Sehr schön und weit leuchtend vor dunklen Gehölzen.

Spornblume
Centranthus ruber

50-70 VI/VIII

Aussehen Kleine Einzelblüten in etagenförmigen Blütenständen, Laub blaugrün, glatt, lanzettlich. Verzweigter Wuchs mit aufrechten Stängeln. Nach der Blüte silbrige Samenstände.
Pflege Geeignet für alle durchlässigen, auch trockenen Böden, kalkliebend. Anspruchslose Staude für Steppenpflanzungen, Kiesbeete und Trockenmauern. Kurzlebig, versamt sich leicht, wo dies nicht gewünscht wird, sollte man die Samenstände vor der Samenreife abschneiden.
Sorten 'Albus', weiß, 60 cm, 'Kempenhof', dunkelrosa, 50 cm 'Coccineus', kräftig rot blühend, 60 cm.

Gelbe Riesenskabiose
Cephalaria gigantea

180-200 VII/VII

Aussehen Blüten der Form nach wie große Skabiosenblüten, auf hohen drahtigen Stängeln, Laub dunkelgrün, groß, gelappt. Mächtige Staude, entwickelt sich zu großen Horsten. Eindrucksvolle Großstaude für Beete und Pflanzungen vor Gehölzen. Lässt sich gut im Hintergrund verwenden. Die hellgelbe Blütenfarbe ist gut mit weißen und blauen Stauden zu vergesellschaften.
Pflege Geeignet für alle mäßig trockenen bis frischen Böden, toleriert Kalk und lehmigen Boden. Kann viele Jahre am gleichen Standort bleiben, bei zu starker Ausbreitung ausgraben und teilen.

Lanzen-Silberkerze
Cimicifuga racemosa

170-200 VII/IX

Aussehen Wuchs straff aufrecht, horstbildend. Cremeweiße, aufrechte schmale Blütenkerzen auf hohen Stängeln, Laub mittelgrün, gefiedert.
Pflege Standort halbschattig bis lichtschattig, humose, frische bis feuchte Böden. Langlebige Staude, die am besten in kleinen Gruppen zwischen anderen Schattenstauden gepflanzt wird. Rückschnitt direkt nach der Blüte.
Weitere Arten *C. ramosa* 'Pink Spike', 150 cm hoch, mit zartrosa Blüten, *C. simplex* 'White Pearl', 130 cm, weiß.

Meerkohl
Crambe cordifolia

150-200 VII/VIII

Rittersporn
Delphinium-elatum-Hybriden

100-200 VI-VII/IX-X

Aussehen Sparrige, stark verzweigte Großstaude für den hinteren Bereich in Rabatten, kommt besonders vor dunklem Hintergrund gut zur Geltung, zahlreiche kleine Blüten in duftigen Rispen. Laub dunkelgrün, derbe, große Blätter im unteren Drittel.
Pflege Sonniger bis halbschattiger Standort, für alle durchlässigen Böden, bevorzugt warme Lagen. Rückschnitt der Stängel im Herbst. Vor Winter- und Staunässe schützen, mit einer Laubschüttung abdecken.
Weitere Art *Crambe maritima* (Küsten-Meerkohl), 30–70 cm, Blüte weiß ab Mai, eignet sich für sandige, nicht zu nährstoffreiche Böden in voller Sonne.

Aussehen Wichtige Leitstaude in der Rabatte. Hohe kerzenförmige Blütenstände, die dicht mit Blüten besetzt sind. Laub frischgrün bis dunkelgrün, handförmig geteilt. Besonders die blau blühenden Sorten lassen sich hervorragend mit Prachtstauden in klaren Farben kombinieren, zum Beispiel weißen Margeriten (*Leucanthemum-maximum*-Hybriden), roter Brennender Liebe *(Lychnis chalcedonica)* und gelbem Sonnenauge *(Heliopsis helianthoides* var. *scabra)*.
Pflege Bevorzugt frische, humose, aber durchlässige Böden, die ausreichend mit Nährstoffen versorgt sind. Ein Rückschnitt direkt nach der Blüte, etwa eine Handbreit über dem Boden, fördert eine Nachblüte im Herbst. Hohe Sorten durch Anbinden oder mit Staudenhalter stützen.
Sorten ‘Augenweide’, hellblau mit etwas Rosa, 180 cm, ‘Finsteraarhorn’, dunkelblau mit schwarzem Auge, 170 cm, ‘Galahad’, weiß, 180 cm, ‘Lanzenträger’, enzianblau mit weißem Auge, 200 cm, ‘Piccolo’, leuchtend blau, 80 cm, mit lockeren Blütenständen, ‘Sungleam’, cremeweiß mit hellgelber Mitte, 130 cm.
Weitere Art *Dianthus deltoides,* 20 cm, VI-IX, Teppiche bildende, heimische Art in weiß, rosa, rot; etwas kurzlebig, auch für Kästen und Tröge.

Pfingstnelke
Dianthus gratianopolitanus

10-20 V/VI

Aussehen Wuchs polsterförmig, kissenartig. Einfache Schalenblüten, meist einzeln an kurzen Stängeln. Laub linealisch, graugrün, winter- bzw. immergrün.
Pflege Für Steinanlagen an sonniger Stelle auf trockenem bis frischem Boden. Boden sollte gut durchlässig sein. Rückschnitt abgeblühter Stängel bis zum grundständigen Blattschopf.
Sorten 'Blauigel', sehr blaues Laub, rosa Blüten, 15 cm, 'Neon', leuchtend rosa, 15 cm, 'Rubin', weinrot mit dunklerer Mitte, 10 cm.

Roter Sonnenhut
Echinacea purpurea

60-100 VII/IX

Aussehen Wuchs aufrecht, horstbildend, Strahlenblüten mit großen braunen Blütenköpfen, Laub frischgrün, rau, breit lanzettlich. Beetstaude, auch in Steppenpflanzungen, solange der Boden nicht zu trocken ist. Schön mit Gräsern, aber auch mit Beetstauden in zurückhaltenden Farben.
Pflege Durchlässige, aber nährstoffreiche Böden in warmer Lage. Sollte alle 3-4 Jahre aufgenommen und geteilt werden, sonst kurzlebig, gute Schnittblume.
Sorten 'Alba', weiß, 60 cm, 'Magnus', dunkel karminrosa, 80 cm, 'Razzmatazz', rosarot, mit gefüllten Blüten, 100 cm, 'Rubinstern', kräftig karminrot, 100 cm.

Blaue Kugeldistel
Echinops-Arten

100-120 VII/IX

Aussehen Wuchs aufrecht, horstbildend, stahlblaue Kugelblüten, die aus zahlreichen sternförmigen Einzelblüten zusammengesetzt sind. Wertvolle Bienenweide. Blatt lanzettlich, graugrün, unterseits silbrig. Gut mit Gräsern zu kombinieren.
Pflege Fühlt sich wohl auf Freiflächen an sonniger Stelle auf trockenem bis frischem Boden. Rückschnitt abgeblühter Blütenstände bis zu den oberen Stängelblättern, Rückschnitt der Stängel im Herbst.
Sorten 'Platinum Blue', leuchtend blau, 100 cm, 'Veitch's Blue', intensiv blau 120 cm.

Elfenblume
Epimedium rubrum

↑ 20-30 IV/V

Aussehen Wuchs buschig, ausläuferbildend, kreuzförmige Blüten in lockeren Blütentrauben. Laub zusammengesetzt, herzförmig, grün, rotbraun; wintergrün.
Pflege Gedeiht am besten im Bereich von Gehölzen an halbschattiger Stelle auf frischem, durchlässigem Boden, kalkmeidend. Rückschnitt der Stängel im Herbst. Im Falle von Frostschäden kompletter Rückschnitt im Frühjahr, treibt schnell wieder durch.
Weitere Arten *E. perralchicum* 'Frohnleiten', Blüten gelb, 25 cm, *E. versicolor* 'Sulphureum', schwefelgelb, 30 cm.

Feinstrahlaster
Erigeron-Hybriden

↑ 60-80 VII/IX

Aussehen Reichblühende Prachtstaude, die sich auch gut mit Rosen vergesellschaften lässt. Wuchs aufrecht, horstbildend, zahlreiche Strahlenblüten mit gelber Mitte, Laub frischgrün, lanzettlich.
Pflege Bevorzugt nährstoffreiche, frische, aber durchlässige Böden. Direkt nach der Blüte zurückschneiden, um eine Nachblüte im Herbst zu erhalten. Alle 3-4 Jahre aufnehmen und teilen, um die Blühwilligkeit zu fördern.
Sorten 'Dunkelste Aller', violettblau, 60 cm, 'Rotes Meer', dunkelrot, 60 cm, 'Sommerneuschnee', weiß, 60 cm.

Gold-Wolfsmilch
Euphorbia polychroma

↑ 30-40 V/VI

Aussehen Wuchs halbkugelig, dicht. Laub eiförmig, dunkelgrün, im Austrieb heller. Blüten in Dolden, umgeben von auffallenden, grüngelben Hochblättern.
Pflege Gedeiht am besten in der Freifläche an sonniger Stelle auf trockenem Boden, auch am Hang und auf Mauerkronen. Empfindlich gegen Staunässe im Winter, eventuell mit einer trockenen Laubschüttung gegen Winterfeuchte schützen. Rückschnitt im Sommer oder Herbst.
Weitere Arte *E. myrsinites,* gelb blühend, mit niederliegenden, dicht beblätterten, wintergrünen, walzenförmigen Trieben, für Steingärten und Mauerkronen.

Kokardenblume
Gaillardia-Hybriden

50-80 VII VIII

Aussehen Wuchs buschig aufrecht bis horstbildend, Blüten schalenförmig mit kugeligem Körbchen. Blatt länglich, graugrün. Farbkräftige lange blühende Beet- und Schnittstaude.
Pflege Benötigt frischen, durchlässigen Boden. Rückschnitt nach der ersten Blüte bewirkt meist eine Nachblüte, Rückschnitt der Stängel zum frühen Herbst, damit die Pflanzen noch durchtreiben. Winterschutz bei Kahlfrösten ratsam.
Sorten 'Burgunder', dunkelrot, 50 cm; 'Kobold', leuchtend rot mit gelben Spitzen, kompakt, 30 cm; 'Tokajer', orangerot, großblütig, 70 cm.

Garten-Storchschnabel
Geranium cantabrigiense

20-40 V VII

Aussehen Wuchs buschig bis ausläuferbildend. Blüten einfach, schalenförmig, in wenigblütigen Dolden. Laub rundlich, frischgrün, winter- bzw. immergrün.
Pflege Bevorzugt trockene bis frische Böden. An optimalen Standorten kaum Pflege nötig, Staunässe vermeiden. Rückschnitt im Hochsommer fördert neuen Austrieb. Auf neue Züchtungen zurückgreifen, da Bestände alter Sorten sind häufig von Viren befallen sind.
Sorten 'Berggarten', purpurrosa, 25 cm, 'Harz', Blüten weißlich rosa, 30 cm, 'Saint Ola', weiß, 30 cm.

Pracht-Storchschnabel
Geranium magnificum

50-60 V VI

Aussehen Leuchtkräftige Staude, die gut als Füllstaude in Rabatten und naturnahen Pflanzungen zu verwenden ist. Sehr schön in Kombination mit Frauenmantel *(Alchemilla mollis),* Funkien *(Hosta)* und Pfingstrosen *(Paeonia).* Blauviolette Schalenblüten, reichblühend, Laub rundlich handförmig, eingekerbt, schöne rote Herbstfärbung.
Pflege Standort sonnig bis halbschattig, Staude mit breiter Standortamplitude für alle nicht zu schweren Böden. Nach der Blüte bis knapp über dem Boden zurückschneiden.
Sorten 'Rosemoor', kompakte, besonders standfeste Auslese, 50 cm

Sonnenbraut
Helenium-Hybriden

Aussehen Gute Partner in der Rabatte sind Goldrute, Staudensonnenblumen, aber auch sämtliche Gräser. Aufrecht, horstbildend, Blüten auch zweifarbig geflammt, Körbchenblüten in großer Fülle. Laub mittelgrün, rau, lanzettlich.
Pflege Frische, nährstoffreiche Böden, bei Trockenheit großzügig wässern. Hohe Sorten sollten gestäbt werden, damit sie nicht umkippen. Nach der Blüte zurückschneiden.
Sorten 'Baudirektor Linné', rotbraun, 120 cm, spät blühend, 'Blütentisch', goldgelb, 90 cm, mittelfrüh, 'Rubinzwerg', rubinrot, 100 cm, mittelspät, 'Zimbelstern', altgold, 103 cm, mittelfrüh.

Sonnenauge
Heliopsis helianthoides var. *scabra*

Aussehen Wuchs aufrecht, horstbildend, Blüten als Körbchenblüten oder auch gefüllt, Blütenstand verzweigt, Blatt eiförmig, dunkelgrün. Beliebte Bauerngartenstaude, die häufig am Zaun entlang gepflanzt wird. Gute Schnittblume, lange in der Vase haltbar.
Pflege Gedeiht am besten an sonniger Stelle auf frischem, durchlässigem Boden. Einzelne abgeblühte Blüten ausschneiden oder ausbrechen. Rückschnitt der Stängel im Herbst bis Spätherbst.
Sorten 'Asahi', dicht gefüllte Blüten, 80 cm, 'Grüngoldherz', gefüllte Blüten mit grüner Mitte, 120 cm, 'Karat', ungefüllte Blüten, 150 cm.

Taglilie
Hemerocallis-Hybriden

Aussehen Wuchs horstartig. Blüten erinnern an Lilienblüten. Einzelblüten halten sich nur einen Tag, werden aber ständig in großer Zahl nachgebildet. Blütengröße und -form je nach Sorte unterschiedlich, weit geöffnet bis trichterförmig. Laub frischgrün, riemenförmig, grasartig. Sorten mit kleinen Blüten eignen sich gut für naturnahe Pflanzungen, während die großblütigen Sorten am besten in Rabatten zur Geltung kommen.
Pflege Bevorzugt frische, auch feuchte Böden in voller Sonne, bei halbschattigem Standort werden weniger Blüten ausgebildet.

Purpurglöckchen

Heuchera-Hybriden

↑ 20-50 VI/VIII

Aussehen Wuchs buschig bis horstbildend, teilweise Ausbreitung durch kurze Ausläufer. Einzelblüten einfach, in Rispen. Laub herzförmig, gewölbt und gekräuselt, wintergrün.

Pflege Gedeiht am besten auf frischem Boden, der aber durchlässig sein sollte. Rückschnitt abgeblühter Stängel bis zum Blattschopf. Kein Rückschnitt im Herbst, da schöner Winteraspekt. Winterschutz bzw. Sonnenschutz bei Kahlfrost ratsam.

Sorten 'Amber Waves', Laub bernsteinfarbig, 40 cm, 'Chocolate Ruffles', rotlaubig, 50 cm; 'Mocha', großblättrig, Laub schwarzrot, Blüten cremeweiß.

Funkie, Herzlilie

Hosta-Hybriden

↑ 30-120 VI/VIII

Aussehen Wuchs horstartig, trichterförmig aus fleischigem Wurzelstock, schmale Glockenblüten in lockeren Trauben. Laub in sämtlichen Grüntönen, auch gelb, häufig weiß oder gelb panaschiert, herzförmig bis breit eiförmig, oft mit ausgeprägten Blattnerven, spät austreibend, goldgelbe Herbstfärbung.

Pflege Standort halbschattig bis schattig, grüne Sorten bei genügender Bodenfeuchte auch sonnig, bevorzugt frische, humose Böden. Funkien sind langlebig und pflegeleicht, nur der frische Austrieb sollte vor Schneckenfraß geschützt werden.

Sorten und Arten 'Betsy King', hellgrüne, mittelgroße Blätter, violette Blüten, 'Golden Tiara', herzfömige, grüne Blätter mit gelbem Rand, violette Blüten, 'Krossa Regal', große, blau bereifte Blätter, lila Blüten, *H. sieboldiana* 'Elegans', graugrün bereifte, herzförmige Blätter, hellviolette Blüten, *H. undulata* 'Univittata', gewellte, weiß gestreifte Blätter, hellviolette Blüten. 'Golden Tiara', herzfömige grüne Blätter mit gelbem Rand, violette Blüten. 'Krossa Regal', große blau bereifte Blätter, lila Blüten. H. sieboldiana 'Elegans', graugrün bereifte, herzförmige Blätter, hellviolette Blüten;. H. undulata 'Univittata', gewellte, weiß gestreifte Blätter, hellviolette Blüten.

Bart-Iris
Iris-barbata-Hybriden

↑ 10-130 V/VI

Aussehen Unübertroffene Staude für trockene Standorte und Steppenpflanzungen, niedrige Sorten auch im Steingarten. Lässt sich gut mit Lavendel *(Lavandula officinalis),* Woll-Ziest *(Stachys byzanthina),* Salbei *(Salvia officinalis)* und anderen Trockenstauden und Halbsträuchern vergesellschaften. Wuchs aufrecht, Triebe entspringen einem kriechenden Wurzelstock (Rhizom). Bei den Blüten ist das ganze Farbspektrum vertreten (Iris = der Regenbogen), auch zahlreiche mehrfarbige Sorten. Auf den Hängeblättern befindet sich ein behaarter Streifen, meist in Kontrastfarbe. Laub graugrün, schwertförmig, steif.

Pflege Bevorzugt lehmige, aber durchlässige Böden. Verträgt keine Staunässe. Die Rhizome sollten so gepflanzt werden, dass ein Drittel über der Erde liegt. Alle 3-4 Jahre teilen und neu pflanzen.

Sorten Die Sortenvielfalt ist so groß, dass man kaum Empfehlungen geben kann, zudem ändert sich das Sortiment ständig. Je nach Höhe werden die Sorten in Barbata-Nana-Hybriden (10–30 cm), Barbata-Media-Hybriden (40–70 cm) und Barbata-Elatior-Hybriden (70–120 cm) eingeteilt.

Wiesen-Iris
Iris sibirica

↑ 50-100 V/VI

Aussehen Wuchs straff aufrecht, horstbildend, Blüten exotisch anmutend, häufig mit auffallender Zeichnung auf den Hängeblättern, Laub frischgrün, schmal riemenförmig, an Schilfblätter erinnernd. Für die Uferbepflanzung von Teichen und Bachläufen, aber auch im Beet, sofern der Boden nicht zu trocken ist.

Pflege Bevorzugt alle nährstoffreichen, frischen bis feuchten Böden. Nach der Blüte um ein Drittel zurückschneiden.

Sorten 'Caesar', blauviolett, 100 cm, 'Cambridge', hellblau, 60 cm, 'Dreaming Spires', dunkelviolett, 60 cm, 'White Swirl', cremeweiß, 60 cm.

Fackellilie
Kniphofia-Hybriden

50-120 VI IX

Aussehen Wuchs straff aufrecht, kompakte Horste, schmale Glockenblüten, dicht an kolbenartige Blütenständen. Die Blüten öffnen sich nacheinander von unten nach oben. Laub dunkelgrün, grasartig, bodenständig. Fremdartig wirkende Staude für Steppenpflanzungen, zwischen Gräsern.
Pflege Geeignet für alle durchlässigen, eher frischen Böden, verträgt keine winterliche Staunässe. Beim Pflanzen eine Dränage einarbeiten, im Winter mit einer trockenen Laubschüttung unter Tannenreisig abdecken.
Sorten 'Feuerkerze', orangerot, 70 cm; 'Green Jade', grünlich weiß, schlanke Blütenstände, 90 cm.

Goldnessel
Lamiastrum galeobdolon

15-20 V IV

Aussehen Wuchs bodendeckend, kriechend, wuchernd, in großen Kolonien. Lippenblüten in quirlförmigen Blütenständen, Laub eiförmig mit gezähntem Rand, Sorten auch silbrig panaschiert, wintergrün.
Pflege Vorwiegend großflächig pflanzen, konkurrenzstarker Bodendecker. Unter Gehölzen an halbschattiger bis schattiger Stelle auf frischem Boden. Ausbreitung durch Ausläufer, Triebe nach Bedarf eingrenzen, an optimalen Standorten kaum Pflege nötig. Gelegentlicher, nicht jährlicher, Rückschnitt nach Bedarf.
Sorten 'Kirkcudbright Dwarf', zwergig, 10 cm, getupfte Blattzeichnung.

Lavendel
Lavandula angustifolia

30-60 VI VIII

Aussehen Wuchs aufrecht, buschig, bis 40 cm breit, Laub silbergrau, nadelförmig, immergrün, aromatisch duftend.
Pflege Nährstoff- und Wasserbedarf ausgeglichen, wenig gießen, vor Staunässe schützen. Vor dem Winter oder im zeitigen Frühjahr bis zum alten Holz zurückschneiden, ab Mai junge Triebe und frische Blätter ernten, nach Öffnen der Blüte bündeln zum Trocknen. Pflegeleicht, für Einsteiger.
Sorten 'Blue Cushion', hellviolett, kompakt, 30 cm, geeignet für niedrige Einfassungen; 'Hidcote Blue', ganz dunkles Violett, kompakt, 40 cm; 'Munstead', blauviolett, 40 cm, sehr winterhart.

Staudenmargerite
Leucanthemum maximum

↑ 60-100 VI–IX

Aussehen Wuchs aufrecht, horstbildend, Ausbreitung durch kurze Ausläufer, typische Margeritenblüten mit gelber Mitte, auch gefüllte Sorten. Laub dunkelgrün, lanzettlich, gezähnt. Für den Vasenschnitt gut geeignet.
Pflege Für alle durchlässigen, nährstoffreichen Böden. Nach der Blüte zurückschneiden, um eine Nachblüte anzuregen, und alle 3–4 Jahre teilen und neu aufpflanzen.
Sorten 'Beethoven', einfach blühend, 80 cm, 'Eisstern', dicht gefüllt, ungleichmäßige Blütenblätter erinnern an Schneeflocken, 80 cm; 'Christine Hagemann', gefüllt, 80 cm, 'Gruppenstolz', einfach blühend, kompakt, 60 cm.

Kreuzkraut
Ligularia-Hybriden

↑ 100-180 VII–VIII

Aussehen Wuchs aufrecht, horstbildend, Blüten je nach Art in kerzenartigen oder lockeren Blütenständen. Laub dunkelgrün, derb, rund bis nierenförmig, meist gezähnt. Attraktive, auffallende Staude für die Bepflanzung von Teichrändern und andere, eher feuchte Plätze.
Pflege Für alle feuchten bis nassen, nährstoffreichen Standorte. Bei Trockenheit reichlich gießen, besonders bei sonnigerem Standort.
Sorten und verwandte Arten 'Zepter', goldgelbe Blütenkerzen, dunkle Blütenstiele, bis 180 cm. *L. dentata,* besonders großes, nierenförmiges Laub, *L. stenocephala,* lange gelbe Blütenrispen.

Narbone-Lein
Linum narbonense

↑ 40-50 V–VIII

Aussehen Wuchs aufrecht bis horstbildend, sehr langsam wachsend. Laub lanzettlich, blaugrün, sehr klein, ohne Stiell am Stängel ansitzend. Einzelblüten einfach, schalenförmig, flach, ausgebreitet.
Pflege Benötigt einen warmen, sonnigen Standort, Boden gut durchlässig. Rückschnitt der Stängel im Herbst bis Spätherbst, an optimalen Standorten kaum Pflege nötig. Winterschutz/Sonnenschutz bei Kahlfrost ratsam. Meist nicht sehr langlebig.
Ähnliche Art *L. perenne,* kleinblütiger, insgesamt zierlicher, für trockene sonnige Standorte, auch in weiße Auslese erhältlich. Kurzlebig, versamt sich.

Entenschnabel-Felberich
Lysimachia clethroides

70-90 VII–IX

Aussehen Wuchs aufrecht, ausläuferbildend, große Bestände bildend. Laub lanzettlich, dunkelgrün, dekorative orangerote Herbstfärbung. Kleine Einzelblüten in ährigen Blütenständen.
Pflege Pflegeleichte Stauden für Freiflächen an sonniger bis halbschattiger Stelle auf frischem bis feuchtem, durchlässigem Boden, Gehölzrand. Ausbreitung durch Ausläufer, Rhizome nach Bedarf eingrenzen, Rückschnitt der Stängel im Herbst bis Spätherbst. Bei Kahlfrost durch Laubdecke schützen.
Weitere Art *L. barystachys,* Blüten weiß, in nickenden Kerzen, Ausläufer bildend.

Blutweiderich
Lythrum salicaria

60-120 VII–IX

Aussehen Wuchs aufrecht, in dichten Horsten, Blüten dicht an dicht in schlanken Rispen. Laub dunkelgrün, lanzettlich.
Pflege Geeignet für alle frischen bis feuchten, auch nassen Böden. Bei Trockenheit ausgiebig wässern. Schöne Staude für den Teichrand, die aber auch im Beet wächst, solange der Boden nicht zu trocken ist. Die kerzenartigen Blütenstände harmonieren gut mit Sumpfgräsern und gelb blühenden Stauden wie Felberich *(Lysimachia ciliata).*
Sorten 'Rosensäule', rosarot, 120 cm, 'Stichflamme', dunkelrosa, 'Zigeunerblut', dunkelrot, 100 cm.

Frühlings-Gedenkemein
Omphalodes verna

15-20 IV–V

Aussehen Wuchs bodendeckend, ausläuferbildend, in größeren Gruppen ab 10-20 Stück verwenden. Laub länglich bis eiförmig, frischgrün. Blüten ähneln Vergissmeinnichtblüten, in lockeren Trauben. Kombination mit Elfenblume *(Epimedium),* Schaumblüte *(Tiarella)* und Golderdbeere *(Waldsteinia).*
Pflege Eignet sich hervorragend für flächige Pflanzungen, sehr pflegeleicht und ausdauernd. Bevorzugt humosen frischen Boden. Nicht mit konkurrenzschwachen Partnern zusammenpflanzen.
Weitere Arten und Sorten 'Alba', weiß blühend, ansonsten wie die Art; *O. cappadocica,* horstig wachsend, ohne Ausläufer, 15 cm.

Edel-Pfingstrose

Paeonia-Hybriden

70-150 V/VI

Aussehen Wuchs horstartig, von ausladender Gestalt, Blüten einfach schalenförmig oder gefüllt, zart duftend. Laub dunkelgrün, glänzend, mehr oder weniger geschlitzt, im Austrieb bronzerot. Eine der prächtigsten Stauden mit sehr großen, auffallenden Blüten für die Staudenrabatte. Langlebig, sollte, wenn sie einmal gepflanzt ist, nicht mehr versetzt werden, da sie sonst einige Jahre benötigt, um wieder eine üppige Blüte zu entfalten. Nicht zu tief pflanzen! Wächst zu großen Büschen heran und braucht entsprechend Platz.

Pflege Alle nährstoffreichen, frischen Böden, bevorzugt lehmhaltige. Verblühtes regelmäßig herausschneiden, um Samenansatz zu verhindern. Sorten mit schweren gefüllten Blüten müssen unter Umständen gestützt werden.

Sorten 'Bowl of Beauty', rosa, einfach blühend, 80 cm, 'Jan van Leeuwen', weiß, einfach blühend mit auffälligen gelben Staubblättern, 90 cm, 'Edulis Superba', kräftig rosa, dicht gefüllt, stark duftend, 100 cm, 'Friesenblut', dunkelrot, einfach blühend, 100 cm, 'Sarah Bernhardt', silbrig rosa, gefüllt, 90 cm.

Orient-Mohn

Papaver orientale

60-100 V/VI

Aussehen Wuchs aufrecht, dicht, Blüten einfach oder gefüllt. Laub silbergrün, gefiedert, zieht nach der Blüte ein, daher am besten mit Stauden vergesellschaften, die die Lücken später überdecken. Alle Teile stark giftig.

Pflege Nach der Blüte erst zurückschneiden, wenn das Laub zu vergilben beginnt.

Sorten 'Aladin', leuchtend rot, 90 cm, 'Carnival', innen weiß, nach außen in rot übergehend, 80 cm, 'Beuty of Livermere', dunkelrot, 100 cm; 'Black and White', reinweiß mit schwarzen Basalfleck, 80 cm; 'Helen Elisabeth', lachsrosa, 70 cm, 'John III', orange, 60 cm, 'Türkenlouis', rot mit gefransten Blütenblättern, 80 cm.

Flammenblume
Phlox paniculata

70-130 VI IX

Aussehen Wuchs horstartig mit straff aufrechen Blütenstängeln, Blüten in kuppelartigen dichten Dolden, süß duftend. Laub dunkelgrün, lanzettlich, glatt.
Pflege Benötigt frische bis feuchte, nährstoffreiche Böden, die aber durchlässig sein sollten. Bei trockenem Boden anfällig für Mehltau. Rückschnitt nach der Blüte fördert Neuaustrieb und Nachblüte.
Sorten 'Düsterlohe', dunkelviolett, 90 cm, 'Hochgesang', weiß, 120 cm, 'Landhochzeit', rosa mit rotem Auge, 100 cm, 'Uspech', rosaviolett mit weißem Auge, 80 cm, 'Württembergia', karminrosa, 70 cm.

Gelenkblume
Physostegia virginiana

50-70 VIII X

Aussehen Wuchs aufrecht, horstbildend, mit straff aufrechten Stängeln. Waagerecht stehende Rachenblüten in dichten Quirlen am Stängelende. Laub dunkelgrün, lanzettlich, glänzend. Gemäßigter Ausbreitungsdrang durch kurze Ausläufer. Gute Schnittblume.
Pflege Gelenkblumen sind attraktive, anspruchslose Rabatten- und Schnittstauden für nicht zu trockene, nährstoffreiche Standorte.
Sorten 'Bouquet Rose', violettrosa, 80 cm, früh blühend, 'Summer Snow', weiß, 90 cm, 'Vivid', rosa, 80 cm, spät blühend.

Sturm-Sonnenhut
Rudbeckia fulgida var. *sullivantii*

60-70 VII IX

Aussehen Wuchs straff aufrecht, ausläuferbildend. Strahlenblüten mit dunkelbrauner, kugeliger Mitte, Laub dunkelgrün, breit lanzettlich, rau. Robuste Spätsommerstaude mit guter Fernwirkung, besonders, wenn man sie in großen Gruppen pflanzt. Gute Kombinationspartner sind Sonnenbraut, Stauden-Sonnenblumen, aber auch kontrastierende wie Kissenastern und viele Gräser.
Pflege Für nährstoffreiche, frische bis feuchte Böden. Bei Trockenheit ausgiebig wässern, Verblühtes regelmäßig herausschneiden.
Sorten 'Goldsturm' ist die einzige Sorte im Handel.

Sommer-Salbei
Salvia nemorosa

40-70 VI / VII (IX)

Aussehen Wuchs horstbildend mit straff aufrechten Blütenstängeln. Schmale Blütenkerzen, reich blühend, Laub mattgrün, lanzettlich, mit gewellten Rändern.
Pflege Benötigt durchlässige, auch trockene Böden, bevorzugt kalkhaltige. Rückschnitt nach der Blüte bis zum Boden regt den Neuaustrieb und eine Nachblüte im Spätsommer an. Zurückhaltend düngen.
Sorten 'Adrian', weiß, 50 cm, 'Blauhügel', leuchtend blau, 40 cm, 'Caradonna', violett mit dunklen Blütenstängeln, 40 cm, 'Marcus', blauviolett, 25 cm, sehr kompakt, 'Ostfriesland', dunkelviolett, 50 cm, 'Rosenwein', rosarot, 40 cm.

Fetthenne
Sedum telephium

50-80 VIII / XI

Aussehen Wuchs horstartig, aufrecht bis ausgebreitet. Blüten in flachen Dolden, Laub graugrün, spatelförmig, fleischig. Für Steppen- und Kiesbeete. Sehr schön mit Gräsern, Berg-Astern und vor graulaubigen Kleinsträuchern.
Pflege Alle mäßig trockenen bis trockenen, durchlässigen Böden. Das Laub ist auch vor der Blüte sehr dekorativ, ebenso die Blütenstände, die daher nicht abgeschnitten werden. Auf fetten Böden kippen die Stängel um.
Sorten und ähnliche Arten 'Herbstfreude', braunrosa, 50 cm, 'Matrona', rosa mit rötlichem Laub, 60 cm, *S. spectabile* 'Carmen', dunkelrosa, 40 cm.

Präriekerze
Sidalcea-Hybriden

80-120 VI / VIII

Aussehen Wuchs aufrecht, lockere Horste bildend. Blüten schalenförmig, in straffen Kerzen, Laub dunkelgrün, geschlitzt, graziler Gesamteindruck.
Pflege Schwere Lehmböden mit Staunässe oder zur Vernässung neigende Böden werden nicht vertragen. Ein Rückschnitt sofort nach der Blüte trägt zur Verlängerung der Lebensdauer bei. Sehr schön zum Vasenschnitt.
Sorten 'Elsie Heugh', hellrosa mit gefransten Blütenblättern, 100 cm, 'Rosanna', rosarote Schalenblüten, 100 cm, *S. oregana* 'Brillant', karminrot, 60 cm.

Goldrute
Solidago-Hybriden

↑ 60-120 VII/X

Aussehen Wuchs in zierlichen, überhängenden Blütenrispen, Laub dunkelgrün, schmal lanzettlich, auffallende Staude für „gelbe Spätsommerbeete“. Auch als Schnittblume zu verwenden.
Pflege Bevorzugt frische bis feuchte, nährstoffreiche Böden. Nach der Blüte unbedingt die Samenstände abschneiden, um eine Aussaat zu verhindern.
Sorten 'Goldenmosa', goldgelb mit spitzkegeligen Rispen, 70 cm, 'Goldwedel', reingelb, früh blühend, 60 cm, 'Strahlenkrone', goldgelb, straffer Wuchs, 60 cm. *S. sempervirens* 'Goldene Wellen', sehr große goldgelbe Blüten, mehltauresistent, 120 cm.

Hoher Ziest
Stachys grandiflora

↑ 50-60 V/VI

Aussehen Wuchs horstbildend, schwach ausläuferbildend. Blüte kräftig lilarosa, große Taubnesselblüten in endständigen Quirlen. Laub länglich herzförmig, gezähnt, weich behaart. Robuste Staude mit weithin leuchtenden Blüten, wächst zu breiten Horsten heran und eignet sich gut als Füllstaude im mittleren Beetbereich. Farblich schöne Kombinationen lassen sich mit hohen Glockenblumen und Phlox erzielen.
Pflege Bevorzugt frischen, nährstoffreichen, aber durchlässigen Boden. Nach der Blüte zurückschneiden.
Sorten 'Superba', größere Blüten, 60 cm.

Telekie
Telekia speciosa

↑ 150-200 VI/VIII

Aussehen Wuchs üppig in breiten Horsten, mit feinen goldgelben Strahlenblüten und großen rauen Blättern. Eignet sich als imposanter Solitär in Wildblumengärten oder an Teichufern mit durchlässigem Boden. Auch außerhalb der Blütezeit durch das Laub sehr attraktiv.<
Pflege Bei nährstoffreichem, ausreichend feuchtem Boden ist die Telekie sehr anspruchslos. Selbstaussaat sorgt für ausreichend Nachwuchs. Um dies zu verhindern, Abgeblühtes rechtzeitig entfernen. Kann viele Jahre ungestört am Platz verbleiben.

Akeleiblättrige Wiesenraute
Thalictrum aquilegifolium

↑ 80-150 V/VI

Aussehen Wuchs aufrecht, kräftige Horste bildend, Blüten in duftigen wolkigen Trugdolden. Laub blaugrün, dreigeteilt, ähnlich den Blättern der Akelei. Elegante Staude für Beete am Gehölzrand. Lässt sich sehr schön mit Funkien, Geißbart und Gräsern wie der Hänge-Segge kombinieren.
Pflege Standort halbschattig, bei genügender Bodenfeuchte auch sonnig, bevorzugt humosen, frischen Boden. Nach der Blüte zurückschneiden.
Sorten und ähnliche Arten 'Album', weiß, sonst wie die Art, *T. flavum,* schwefelgelb, blau bereifte Stängel, 200 cm.

Dreimasterblume
Tradescantia-Hybriden

↑ 30-50 VI/IX

Aussehen Wuchs horstbildend, straff aufrecht. Dreizipflige Schalenblüten in verschiedenen Farben, zu mehreren zusammenstehend. Schmales, frischgrünes Laub. Besonders geeignet für Teichränder.
Pflege Bevorzugt feuchte, nährstoffreiche Böden in voller Sonne, kommt jedoch auch mit einem halbschattigen Standort zurecht. Rückschnitt der Blütenstängel nach der Blüte ist gegen Versamen empfehlenswert und fördert die Nachblüte.
Sorten 'Concord Grape', purpurviolett, dunkles Laub, 40 cm, 'Innocence', weiße Blüten, 50 cm, 'Sweet Kate', blauviolette Blüten, hellgrünes Laub.

Kandelaber-Ehrenpreis
Veronicastrum virginicum

↑ 100-180 VII/IX

Aussehen Wuchs aufrecht, horstbildend, von mächtiger Gestalt. Blüten in langen, kerzenförmigen, kandelaberartig verzweigten Blütentrauben an hohen Stielen. Laub dunkelgrün, quirlförmig angeordnet.
Pflege Robuste Großstaude für frischen, humosen, aber durchlässigen Boden. In Trockenperioden ausreichend gießen. Auch die Samenstände sind zierend, daher erst im Laufe des Winters oder im Frühling zurückschneiden.
Sorten 'Diana', weiß blühend, straffer Wuchs, 120 cm, 'Fascination', rotviolett, straff aufrecht, 170 cm; 'Lavendelturm', violett, 150 cm; 'Pink Glow', hellrosa, zierliche Sorte, 120 cm.

Duft-Veilchen
Viola odorata

5-15 III V

Aussehen Wuchs buschig, teilweise Ausläufer treibend, bedingt wintergrün. Blüten einzeln an nickenden Stängeln. Laub frischgrün, herzförmig, mit gezähntem Rand.
Pflege Das Duftveilchen liebt lichten Schatten, kommt aber auch mit sonnigen Standorten zurecht, wenn diese nicht zu heiß und trocken sind. Es bevorzugt lehmhaltigen Boden, der ausreichend mit Nährstoffen versorgt ist. An geeigneten Standorten keine Pflege notwendig.
Sorten In der Zeit des Biedermeiers und der Romantik war das Sortiment an Duftveilchen groß. Heute sind uns noch einige Sorten erhalten geblieben: 'Alba', weiß blühend, stark duftend, wintergrünes Laub, 10 cm, 'Cour d'Alsace', Blüte rosarot, sehr grazil, 15 cm, 'Donau', großblütig, blauviolett, stark duftend, 15 cm, 'Königin Charlotte', Blüte kräftig violett, Nachblüte im Herbst, 15 cm, 'Lydia Groves', hellrosa mit weißer Zeichnung, früh blühend, 15 cm, 'Sulphurea', Blüte schwefelgelb, schwachwüchsig, 10 cm.

Golderdbeere
Waldsteinia ternata

20-25 IV V

Aussehen Wuchs buschig bis kriechend, breitet sich durch Ausläufer rasch aus. Kleine Schalenblüten, erinnern an Erdbeerblüten. Laub dunkelgrün, dreiteilig, immergrün.
Pflege Robust, benötigt kaum Pflege. Kann zurückgeschnitten werden, wenn unansehnlich, treibt rasch wieder aus. Bei zu starker Ausbreitung aufnehmen, die kriechenden Wurzelstöcke teilen und wieder auspflanzen.
Weitere Art *W. geoides*, horstig ohne Ausläufer, teilweise wintergrün.

Garten-Sandrohr

Calamagrostis × acutiflora

150-180 VI/VIII

Aussehen Wuchs straff aufrecht, die Blütenhalme überragen das Laub um ein Vielfaches. Bildet schlanke Horste, keine Ausläufer treibend. Blatt mittelgrün, schmal, das neue Laub treibt sehr zeitig im Frühjahr aus. Frühzeitige Verfärbung der Blütenhalme in ein leuchtendes Strohgelb. Attraktiv bis in den tiefen Winter. Leicht aufgefächerte Blütenrispen, danach schmaler. Behalten ihre Form bis in den Winter.
Pflege Sonniger Standort, sonst wenig standfest. Toleriert trockenen bis mäßig feuchten Boden. Im späten Winter die vorjährigen Halme abschneiden.

Japan-Segge

Carex morrowii

40-50 IV/VI

Aussehen Bildet dichte halbrunde Horste, im Laufe der Jahre sehr breit wachsend. Blatt dunkelgrün, steif mit bogig überhängenden Enden. Als Unterpflanzung von Gehölzen, zwischen Blattschmuckstauden, gut für die Kombination mit Rhododendren.
Pflege Bevorzugt humose, frische Böden. Versagt an trockenen Standorten, empfindlich gegen Wintersonne.
Sorten 'Variagata' besitzt schmale, weiße Randstreifen, 'Gilt', intensivere Panaschierung, wächst aber schwächer, *C. morrowii* ssp. *foliosissima* 'Ice Dance' hat cremeweiße, auffällige Streifen und breitet sich mit der Zeit durch Ausläufer aus.

Palmwedel-Segge

Carex muskingumensis

60-80 VII/VII

Aussehen Wuchs aufrecht, dichte, starre Horste bildend, Breite 50 cm. Laub hellgrün, schmal, entspringt in Quirlen den Stängeln. Blüten in braun-gelben, dichten Rispen an den oberen Stängelenden. Ideales Gras für die Uferbepflanzung.
Pflege Bevorzugt frischen bis feuchten, humosen Boden. Ältere Horste zurückschneiden, damit sie nicht auseinanderfallen.
Sorten 'Silberstreif' mit schmalen, weißen Mittelstreifen, schwachwüchsig, 'Wachtposten', eine besonders standfeste Auslese mit noch besserer Winterhärte.

Hänge-Segge
Carex pendula

↑ 80-120 IV/VI

Aussehen Wuchs kräftig, horstartig, mit überhängenden Blütenhalmen. Blätter dunkelgrün, steif aufrecht, im oberen Drittel überhängend, wintergrün. Hängende, walzenförmige „Kätzchen“, gelb bis braun, an kräftigen Stängeln hoch über dem Laub. Als Begleitpflanze für Waldrandstauden, unter Gehölzen. Sehr schön auch mit Taglilien in großen Gruppen. An zusagenden Stellen kann es zu Selbstaussaat kommen.
Pflege Bevorzugt kühle Standplätze mit humosem, frischem Boden. Vor Wintersonne schützen, da sonst das Laub leidet.

Plattährengras
Chasmanthium latifolium

↑ 70-100 VIII/X

Aussehen Wuchs locker horstartig, mit aufrechten Blütenhalmen. Breite 50 cm. Laub hellgrün, breit, ab Spätsommer goldene bis rotbraune Färbung. Tropfenartig an den Stängeln angeordnete plattgedrückte Ähren. Zunächst grün, später rotgolden. Verwendung im Beet zwischen im Herbst blühenden Stauden, Pflanzungen am sonnigen oder lichtschattigen Gehölzrand. Harmoniert gut mit Herbst-Astern und Herbst-Anemonen.
Pflege Standort warm und geschützt, bevorzugt frischen, nährstoffreichen Boden. Rückschnitt erst im Frühjahr, da die Samenstände sehr zierend sind.

Japan-Waldgras
Hakonechloa macra

↑ 30-50 VIII/X

Aussehen Wuchs breit überhängend, mattenbildend durch kurze Ausläufer, Breite 30–50 cm. Laub frischgrün, elegant überhängend, Herbstfärbung rötlich. Zierliche Blütenrispen zwischen dem Laub. Zur Unterpflanzung von Gehölzen, auch mit Farnen und Funkien.
Pflege Bevorzugt kühle Standorte mit humosen, frischen Böden. Einzeln, in Gruppen oder auch als flächig gepflanzter Bodendecker. Ein Rückschnitt ist normalerweise nicht erforderlich.
Sorten ‘Aureola’ besitzt gelbgrün gestreiftes Laub, ‘Albostriata’ wächst kräftiger und hat grünes Laub mit schmalen, weißen Streifen.

Schnee-Marbel
Luzula nivea

30-40 V/VI

Aussehen Wuchs buschig, lockere, niedrige Horste, bis 20 cm breit. Blatt dunkelgrün, riemenförmig, mit überhängenden Spitzen, bewimpert. Blüten in knäuelartigen Rispen. Unter Gehölzen, an schattigen Stellen im Steingarten. Die Blüten sind auch floristisch interessant als Beiwerk in Sträußen.
Pflege Bevorzugt humosen, frischen Boden, kommt aber auch mit mäßig trockenen Plätzen zurecht. Verwendung unter Gehölzen, an schattigen Stellen im Steingarten. Der Boden sollte nicht zu kalkhaltig sein. Kann jahrelang ungestört am Standort verbleiben. Ein Rückschnitt im Sommer regt frischen Laubaustrieb an.

Chinaschilf
Miscanthus sinensis

150-300 VIII/X

Aussehen Bildet kräftige Horste aus, durch kurze Ausläufer bis 150-200 cm breit. Laub riemenförmig, frischgrün, elegant übergeneigt. Im Herbst gelb verfärbend, bei einigen Sorten auch rote Herbstfärbung. Blüten in fedrigen Rispen, zunächst aufrecht gefächert, dann bogig überhängend. Sehr zierend und lange haftend.
Pflege Bevorzugt kräftige, frische, nährstoffreiche Böden. Zu groß gewordene Horste können durch Teilung verjüngt werden. Rückschnitt erst im Frühling, da die Samenstände im Winter sehr dekorativ sind.
Sorten ‘China’ von Ernst Pagels, bis 180 cm hoch, große Blütenstände, die olivgrünen, schmalen Blätter färben sich im Herbst rot. ‘Gnom’, eine neue Sorte, bleibt mit 120 cm recht niedrig. ‘Graziella’ bleibt mit 150 cm niedriger und blüht besonders früh. ‘Flamingo’ gehört zu den besten Sorten von Ernst Pagels. Sie blüht hellrosa und besitzt eine rosarote Herbstfärbung. ‘Giraffe’ erreicht eine Höhe von 250 cm, das Laub ist gelbgrün quergestreift. ‘Kaskade’ fällt durch eine übergeneigte Wuchsform auf und besitzt große Blütenrispen. ‘Malepartus’ ist eine alte, aber hervorragende Sorte mit prächtiger Herbstfärbung. ‘Nishidake’ wird 250 cm hoch, wirkt aber insgesamt transparent; sehr standfest!

Riesen-Pfeifengras
Molinia arundinacea

↑ 150-220 VIII/X

Aussehen Wuchs horstartig, mit fächerförmig angeordneten, hohen Blütenhalmen hoch über den Blattschöpfen. Breite 70 cm. Blatt schmal, blaugrün, mit gelber Herbstfärbung. Zieht im Winter vollständig ein und treibt spät im Frühling aus. Bräunliche Blütenähren auf kräftigen Halmen, die den Winter über halten. In Moorbeeten, am Wasserrand, unter lichten Gehölzen wie Birken, in Heidegärten. Samenstände erst im Winter abschneiden, wenn sie abknicken.
Pflege Benötigt kalkfreien Boden, mäßig frisch bis feucht.
Sorten 'Cordoba', 180 cm, breit wachsend, mit bogig überhängenden Halmen.

Federgras, Ponyhaar
Nasella tenuissima

↑ 40-70 VII/IX

Aussehen Aufrechter Wuchs mit elegant übergeneigten Halmenden. Blatt sehr schmal, haarfein, graugrün. Die feinen Blütenrispen haben lange Grannen, die auch an den Samenständen haften bleiben. Verfärbt sich im Herbst schlohgelb und behält lange seine Attraktivität. In Steppenbeeten, Kiesbeeten, einzeln oder in Gruppen.
Pflege Benötigt durchlässigen, nährstoffarmen Boden, ansonsten kurzlebig. Sät sich häufig selbst aus. Rückschnitt nach dem Winter.
Ähnliche Art Stipa pulcherrima f. nodocostata, bogig überhängende Blütenhalme mit silbrigen Grannen, 80 cm, benötigt geschützten Standort.

Rutenhirse
Panicum virgatum

↑ 100-130 VIII/X

Aussehen Aufrechte, dichte Horste, etwas fächerförmig, Breite 50 cm. Laub schmal, spitz zulaufend, Spitzen leicht überhängend. Rote Färbung ab Spätsommer. Spät austreibend. Filigrane Blütenähren, über dem Laub schwebend.
Pflege Bevorzugt durchlässigen, mäßig nahrhaften Boden. Auf zu kräftigem Boden standschwach. Rückschnitt nach der Blüte, um Aussaat zu verhindern, oder im Spätwinter.
Sorten 'Hänse Herms' mit leuchtend braunroter Herbstfärbung, 'Heavy Metal', mit 150 cm höher, blaugrünes Laub, kaum Herbstfärbung, 'Shenandoah', ausgeprägte Herbstfärbung, schon im Austrieb rote Blattspitzen.

Lampenputzergras
Pennisetum alopecuroides

↑ 40-80 VIII/X

Aussehen Dichte Horste, kuppelförmig überhängend, sehr gleichmäßig, Breite 70 cm. Laub dunkelgrün, schmal, bogig übergeneigt. Spät austreibend, gelbe Herbstfärbung. Walzenförmige Ähren an den Halmenden.
Pflege Bevorzugt durchlässige, aber nahrhafte Böden, die nicht zu trocken sein sollten. Verwendung in Beeten und Rabatten, einzeln oder in kleinen Gruppen, am sonnigen Gehölzrand. Rückschnitt im Frühjahr.
Sorten 'Hameln', kompakter, blüht etwas früher. *P. alopecuroides* var. *viridescens* besitzt dunkleres Laub und besonders auffallende dunkle und dichte Ähren. Echt aus Samen zu vermehren.

Blaugrünes Kopfgras
Sesleria heufleriana

↑ 40-60 III/IV

Aussehen Wuchs horstartig bis polsterförmig, bis 50 cm breit. Laub schmal, blaugrün, wintergrün und sehr früh austreibend. Schwarzbraune, dichte Blütenähren auf steifen Halmen über dem Laub stehend. Im Steingarten an der sonnenabgewandten Seite, im lichten Gehölzschatten, einzeln oder in kleinen Gruppen.
Pflege Bevorzugt frischen bis feuchten, humosen Boden. Rückschnitt, wenn das Laub unansehnlich wird.
Weiteren Art *S. autumnalis,* Blüte silbrig-weiß, IX–X, robut, Trockenheit vertragend, 50 cm; *S. caerulea,* für feuchten Standort, Blüte schwarz, III–VI, 30 cm.

Goldbartgras
Sorghastrum nutans

↑ 120-150 VIII/X

Aussehen Straff aufrechte, schmale Horste, bis 50 cm breit. Laub schmal, graugrün, straff aufrecht wachsend. Spät austreibend. Fedrige, rotbraune, üppige Rispen mit goldenen Staubgefäßen. Als Akzentpflanze in Beeten und Rabatten, in Kombination mit im Herbst blühenden Stauden, schön in Steppenpflanzungen.
Pflege Gedeiht auf jedem nicht zu trockenen Boden. Insgesamt anspruchslos. Samenstände erst gegen Ende des Winters abschneiden, bevor sie unansehnlich werden.
Sorte 'Indian Steel', verfärbt sich im Herbst spektakulär in allen Brauntönen, 120 cm.

Zotten-Raugras
Spodiopogon sibiricus

↑ 150 VIII/X

Aussehen Wuchs straff aufrecht, bildet dichte Horste. Blatt breit, etagenweise waagerecht von den Halmen abstehend. Rotbraune Herbstfärbung, am besten nach warmen Sommern. Fedrige, senkrechte Blütenähren. In gemischten Pflanzungen am Gehölzrand, am Wasserrand in der trockeneren Zone, auch als Solitär.
Pflege Standort halbschattig, auch sonnig, bevorzugt frischen, humosen Boden. Bei Trockenheit gießen, sonst wird das Gras im Spätsommer trocken und färbt sich nicht aus. Rückschnitt im zeitigen Frühjahr.
Sorte 'West Lake' zeichnet sich durch rötlichen Austrieb aus, sehr standfest.

Silberährengras
Stipa calamagrostis

↑ 70-90 VI/VIII

Aussehen Dichtbuschige Horste mit übergeneigten Halmen, Breite 80 cm. Laub schmal, graugrün, bogig überhängend. Blüte silbrige, fedrige Rispen, elegant überhängend. Einzeln oder in Gruppen in sonnigen Rabatten, Steppenbeeten. Gut geeignet für naturnahe Pflanzungen.
Pflege Standort sonnig, bevorzugt mäßig trockene bis frische Böden. Kalkliebend, auf schweren Böden standschwach.
Sorten 'Allgäu' mit straff aufrechtem Wuchs und sehr schönen Blütenrispen. 'Lemperg' wächst kompakter, blütenreich, mit roter Herbstfärbung.

Riesen-Federgras
Stipa gigantea

↑ 200 VI/VIII

Aussehen Lockere Horste mit straff aufrechten, hohen Blütenhalmen, Breite 50 cm. Laub blaugrün, schmal, bogig überhängend, wintergrün. Blüten in lockeren Rispen, die stark an Hafer erinnern, auf starken Halmen hoch über dem Laub. Für Steppenbeete, sonnige Rabatten, Kiesbeete. Schön mit silberlaubigen Stauden zu kombinieren.
Pflege Standort sonnig und warm, bevorzugt durchlässige, nicht zu nährstoffreiche Böden. Benötigt etwas Winterschutz, besonders vor Winternässe.
Weiteren Art *S. splendens,* mit lockeren überhängenden Ähren, Herbstfärbung leuchtend gelb, 180 cm.

Zierlauch
Allium giganteum

↑ 80-130 V/VI

Aussehen Aus der Zwiebel entwickeln sich ein einzelner, hoher, kräftiger Stängel und mehrere riemenförmige, grundständige Blätter. Kräftig violette, kleine Sternchenblüten, in einer dichten, kugeligen Dolde angeordnet.
Pflege Im Herbst 20-25 cm tief in Gruppen pflanzen. Nach dem Austrieb leicht düngen. Die Zwiebeln können jahrelang am Standort stehenbleiben. Brutzwiebeln im Frühherbst abnehmen.
Sorten 'Ambassador', violettrosa, 130 cm, Laub vergilbt nicht nach der Blüte; 'Globemaster' dunkelviolett in besonders großen Kugeldolden, 80 cm;
'Mount Everest', weiß mit grüner Mitte, 100 cm.

Strahlen-Anemone
Anemone blanda

↑ 20-25 III/V

Aussehen Bildet schnell größere Kolonien. Laub dunkelgrün, fingerartig gefiedert. Flache Strahlenblüten mit gelben Staubgefäßen. Bei zusagenden Bedingungen entstehen durch reiche Selbstaussaat bald dichte Blütenteppiche.
Pflege Die Knollen werden im Herbst etwa 5 cm tief gepflanzt, am besten vorher einen Tag quellen lassen. Für gelegentliche Humusgaben dankbar, in rauen Gegenden ist auch eine Laubschüttung als Winterschutz sinnvoll.
Sorten 'Atrocoerulea', purpurviolett, 'Blue Shades', leuchtend blau, 'Charmer', rosa mit weißer Mitte, 'Radar', violettrot mit weißer Mitte, 'White Splendour', reinweiß.

Schneestolz
Chionodoxa luciliae

↑ 10-20 IV/V

Aussehen Kolonien bildend, Laub grasgrün, linealisch, aufrecht stehend. Pro Zwiebel ein Blütenstiel. Sternblüten mit weißem Auge, in lockeren, endständigen Trauben. Am besten sind Plätze, an denen sich der Schneestolz ungestört ausbreiten kann. Schön sind ausgedehnte Pflanzungen mit gemischten blauen und rosa Sorten.
Pflege Die Zwiebeln werden im Herbst 5–10 cm tief in Gruppen gepflanzt. Gelegentliche Humusgaben fördern das Wachstum. An zusagendem Standort bilden sich rasch größere Teppiche.
Sorten 'Rosea', rosa blühend, bis 20 cm.

Herbst-Zeitlose
Colchicum autumnale

10-15 IX

Aussehen Aus der Zwiebel entwickeln sich im Herbst mehrere Blüten, das riemenförmige Laub erscheint dagegen erst im kommenden Frühjahr. Blüten krokusähnlich, auf weißen Röhrenstielen sitzend.
Pflege Im August 10–15 cm tief in kleinen Gruppen pflanzen, blühen schon einen Monat später. Bevorzugt ungestörten Standort, zwischen Gehölzen oder im Rasen. Auch zwischen Bodendeckern gut einsetzbar. Hier bringen sie im Herbst noch einmal Farbe in die Pflanzung. Achtung: Die gesamte Pflanze ist stark giftig!

Garten-Krokus
Crocus-Hybriden

5-10 II/IV

Aussehen Grasartiges Laub mit weißem Mittelstreifen, bildet mit der Zeit kleine Tuffs, vermehrt sich aber insgesamt langsam. Blüten trichterförmig mit rundlichen Blütenblättern.
Pflege Die Zwiebeln werden im Herbst in kleinen Gruppen gepflanzt. Dankbar für gelegentliche leichte Düngergaben. Frischer, aber durchlässiger Boden. Verträgt keine Staunässe.
Sorten 'Cream Beauty', cremeweiß mit orangem Schlund, sehr langlebig; 'Flower Record', kräftig lila, 'Jeanne d' Arc', reinweiß, 'Pickwick', lila-weiß gestreift, 'Yellow Mammoth', gelb.

Dahlie
Dahlia-Hybriden

30-120 VIII/X

Aussehen Laub groß, dunkelgrün, gefiedert. Die niedrigen Sorten wachsen buschig, die höheren horstig. Blüten einfach oder gefüllt, in vielen Farben, oft mit interessanten Verformungen der Blütenblätter.
Pflege Knollen Anfang bis Mitte Mai so tief pflanzen, dass die Stängelansätze 10 cm tief im Boden sind. Nach dem Austrieb kalibetont düngen und auf Schneckenfraß achten. Hohe Sorten müssen häufig gestützt werden, damit die Horste nicht auseinanderfallen. Nach dem ersten Frost werden die Knollen aus dem Boden genommen und frostfrei überwintert.

Persische Schachbrettblume
Fritillaria persica

80-100 IV

Aussehen Ein kräftiger, aufrechter Stängel pro Zwiebel, lanzettliche Blätter quirlig um den unteren Stängelbereich wachsend. Schokoladenbraune, breite Glockenblüten, bis 40 in lockeren Trauben.
Pflege Die Zwiebeln werden im Herbst etwa 20–30 cm tief gepflanzt. Nach der Blüte den Stängel bis zum Laub zurückschneiden, falls keine Samenbildung gewünscht wird. Verwendung: gruppenweise in Rabatten. Benötigt einen sehr warmen, sommertrockenen Standort mit durchlässigem Boden. Den frühen Austrieb vor Spätfrösten schützen.
Sorten 'Adiyaman', besonders reichblütig, braunviolett.

Traubenhyazinthe
Muscari botryoides

15-20 IV–V

Aussehen Pro Zwiebel erscheinen 2–3 dunkelgrüne, riemenförmige Blätter, die kürzer als der Blütenstängel bleiben. Durch Brutzwiebelbildung und Selbstaussaat entstehen im Laufe der Jahre größere Trupps.
Pflege Zwiebeln im Spätsommer oder Frühherbst 6–8 cm tief im Abstand von 5–10 cm pflanzen, wobei die Erde gut gelockert sein sollte. Danach am besten ungestört wachsen lassen. Zur Vermehrung können Brutzwiebeln abgetrennt und eingepflanzt werden. An zusagenden Standorten sät sich die Traubenhyazinthe auch selbst aus.

Osterglocke, Narzisse
Narcissus-Hybriden

20-50 III–V

Aussehen Pro Zwiebel ein Stängel mit meist einer Blüte, durch Brutzwiebelbildung mit der Zeit Horste bildend. Durch jahrhundertelange Züchtung stehen uns heute Narzissen in sämtlichen Weiß-, Gelb- und Orangetönen zur Verfügung. Neben den klassischen Trompeten-Narzissen gibt es Sorten mit breiter, schmaler, gefüllter und geschlitzter Krone. Die Blüten duften je nach Sorte unterschiedlich intensiv.
Pflege Die Zwiebeln werden im Herbst 15–20 cm tief gepflanzt. Wenn die Horste nach einigen Jahren zu dicht wachsen, werden die Brutzwiebeln abgetrennt und wieder eingepflanzt.

Blausternchen
Scilla siberica

↑ 10-15 III

Garten-Tulpen
Tulipa-Hybriden

↑ 20-45 IV/V

Aussehen Aus der Zwiebel entwickeln sich 3-5 linealische Blätter und bis zu 3 Blütenstängel. Blüten leuchtend blau, sternförmig, nickend, zu 2-4 am Stängel sitzend. Verwildert im Rasen und unter Gehölzen.

Pflege Im Herbst in Gruppen etwa 10 cm tief pflanzen. Vermehren sich mit der Zeit durch Aussaat und Brutzwiebelbildung zu größeren Teppichen.

Sorten und weitere Arten 'Alba', reinweiße Form, 10 cm, 'Spring Beauty', blau blühend, in allen Teilen größer, setzt keinen Samen an, 15 cm, *S. mischtschenkoana*, blassblau blühend, mit breiterem Laub, Blütezeit im März, 10–15 cm.

Aussehen Aus einer Zwiebel wachsen normalerweise 3-5 breitlinealische Blätter und ein Stängel mit einer endständigen Blüte. Einige Sorten bilden aber auch mehrere Blütenstängel aus. Blüten becherförmig, aufrecht stehend, ungefüllte Sorten haben 6 Blütenblätter. Alle Farben außer Blau sind möglich.

Pflege Die Zwiebeln werden im Herbst 10–15 cm tief gepflanzt. Auf staunassem Boden ist unbedingt eine Dränage aus Sand oder feinem Splitt erforderlich. Eine leichte Düngung mit reifem Kompost oder Volldünger regt die Blühfreudigkeit an. Wenn Tulpen nach der Blüte ausgegraben werden sollen, um zum Beispiel Sommerblumen Platz zu machen, ist darauf zu achten, dass sie mit Erdballen an einen Ort gebracht werden, wo das Laub in Ruhe einziehen kann, um für das nächste Jahr Kraft zu sammeln.

Sorten Einteilung nach Blütezeit in früh blühende (ab Mittte April), mittlere (Ende April bis Mitte Mai) und spät blühende (ab Ende Mai) Sorten. Daneben gibt es auch die unterschiedlichsten Blütenformen: Neben gefüllt blühenden Sorten sind geschlitztblättrige Formen im Handel, auch als Papagaientulpen bekannt. Neben rundlichen und becherfömigen Blüten finden sich auch schmalblütige Sorten, z. T. mit zipfeligen Blütenblättern.

Beetrosen

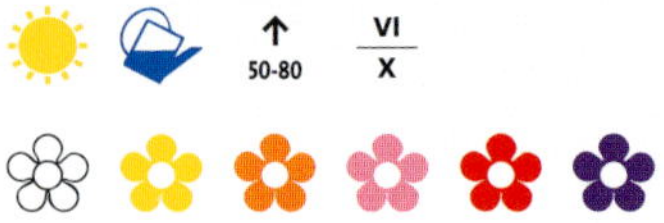

Aussehen Beetrosen sind vielfältige Talente. Sie bieten alle Blütenformen von einfach bis edelrosenähnlich, wachsen buschig bis aufrecht und sind robust und langlebig. Leider duften nur wenige Sorten aus dieser Gruppe. Sie lassen sich im Staudenbeet einsetzen, aber auch für sich in kleinen Gruppen.
Pflege Alle Rosen bevorzugen einen kräftigen, lehmigen Boden und einen offenen Standort mit ausreichender Luftzirkulation. Triebe im Frühling bis über das dritte Auge hin bis auf 15–20 cm über dem Boden zurückschneiden. Während der Wachstumsperiode bis zum Juli regelmäßig düngen.

Sorte	Blütenform	Blütenfarbe	Wuchshöhe
Bonica 82	locker gefüllt	reinrosa	80 cm
Cantario	gefüllt, kugelig	signalrot	60 cm
Crimson Meidiland	leichtgefüllt	dunkelrot	90 cm
Gartenspaß	locker gefüllt	rosa-rot changierend	80 cm
Gebrüder Grimm	stark gefüllt	lachsorange mit gelb	70 cm
Innocentia	leicht gefüllt	weiß, gelbe Mitte	60 cm
Intarsia	locker gefüllt	lachsorange mit gelb	90 cm
Kronjuwel	halb gefüllt	dunkelrot	60 cm
Lions-Rose	klassisch gefüllt	cremeweiß mit rosa	60 cm
Planten un Blomen	klassisch gefüllt	rot, Rückseite weiß	70 cm
Rouge Meilove	dicht gefüllt, nostalgisch	weinrot	60 cm
Sinea	halb gefüllt	bordeauxrot	80 cm
Solero	dicht gefüllt	reingelb	70 cm
Westzeit	locker gefüllt	messing-orange	70 cm
Yellow Meilove	dicht gefüllt, nostalgisch	reingelb	60 cm

Edelrosen

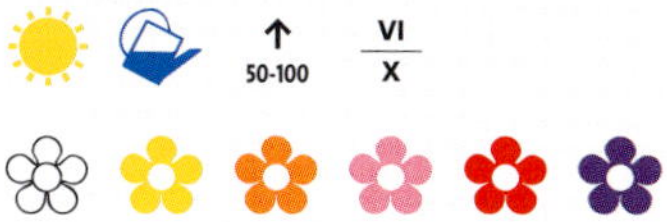

Aussehen Für die meisten Rosenliebhaber ist und bleibt die Edelrose die Gartenrose schlechthin. Ihre eleganten Blüten sitzen meist einzeln an den Enden der Triebe. Viele Sorten duften und sind prädestiniert für den Vasenschnitt.

Pflege Alle Rosen bevorzugen einen kräftigen, lehmigen Boden und einen offenen Standort mit ausreichender Luftzirkulation. Triebe im Frühling bis über das dritte Auge hin bis auf 15–20 cm über dem Boden zurückschneiden. Während der Wachstumsperiode bis zum Juli regelmäßig düngen.

Sorte	Blüte	Besonderheiten	Wuchshöhe
Arioso	karmesinrosa	duftend	60 cm
Burgund 81	samtig dunkelrot	duftend	100 cm
Christoph Columbus	lachsrot mit gelb	robust	80 cm
Duftfestival	samtrot	Duft, robust	60 cm
Elbflorenz	dunkles Altrosa	ADR, Duft	100 cm
Eliza	silbrig rosa	ADR, Duft	90 cm
Grande Amore	blutrot, Knospe spitz	ADR	80 cm
Hamburger Deern	lachsfarben, Außenseite cremefarbig	Duft, robust	70 cm
Inspiration	rosa, innen gelb	ADR	80 cm
Sachsenperle	hellrosa, nostalgisch	Duft, robust	100 cm
Schloss Ippenburg	hell lachsrosa	ADR, Duft	100 cm
Sebastian Kneipp	cremeweiß	Duft	120 cm
Traviata	johannisbeerrot, rundlich	Robust, regenfest	80 cm

Strauchrosen

Aussehen Die öfter blühenden Strauchrosen wachsen aufrecht mit meist leicht überhängenden Zweigen. Strauchrosen sind nicht nur zur Gruppen- oder Heckenpflanzung geeignet, sondern auch als Solitärs oder in kleinen Gruppen im Hintergrund von Staudenbeeten.
Pflege Alle Rosen bevorzugen einen kräftigen, lehmigen Boden und einen offenen Standort mit ausreichender Luftzirkulation. Schnittmaßnahmen beschränken sich bei Strauchrosen auf das Auslichten und gemäßigte Einkürzen im Frühjahr, bei Frostschäden alles bis unter die letzten gesunden Augen herausschneiden.

Sorte	Blütenform	Blütenfarbe	Wuchshöhe
Famosa	locker gefüllt	leuchtend rot	120 cm
Felicitas	einfach	reinrosa	120 cm
Flashligt	dicht gefüllt, kugelig	reinrosa	120 cm
Getano	halb gefüllt	rot, Mitte gelb	150 cm
Karl Ploberger Rose	defüllt, nostalgisch	hellgelb	130 cm
Linderhof	ungefüllt	rosa, innen gelb	180 cm
New Look	gefüllt, kugelig	karminrosa	180 cm
Northern Lights	ungefüllt	lachsrosa	130 cm
Plaisanterie	ungefüllt, in Dolden	pink, innen gelb	150 cm
Postillion	gefüllt	goldgelb	140 cm
Pretty Sunrise	ungefüllt, wellig	rosarot, innen gelb	100 cm
Saremo	dicht gefüllt	reinrosa	120 cm
So Pretty	halb gefüllt	karminrot	120 cm
Triade	locker gefüllt, flach	signalrot	120 cm

Kleinstrauchrosen

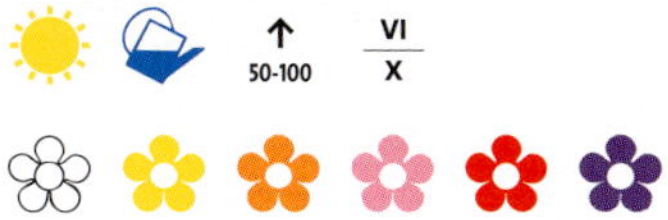

Aussehen Kleinstrauchrosen, die früher Bodendeckerrosen hießen, sind robuste Schönheiten, die nicht nur Flächen im öffentlichen Grün in Blüteninseln verwandeln. Aufrecht wachsende Sorten lassen sich beispielsweise wie kleine Strauchrosen einsetzen. An ihren Triebenden schieben sich unermüdlich neue Blütenbüschel nach.
Pflege Alle Rosen bevorzugen einen kräftigen, lehmigen Boden und einen offenen Standort mit ausreichender Luftzirkulation. Die Triebe werden im Frühling bis über das dritte Auge hin zurückgeschnitten. Während der Wachstumsperiode bis zum Juli regelmäßig düngen.

Sorte	Blüte	Wuchsform	Wuchshöhe
Diamant	halb gefüllt, weiß	dichtbuschig	60 cm
Fleur Robuste Polo	ungefüllt, samtrot	dichtbuschig	50 cm
Heidetraum	locker gefüllt, rosa	breitbuschig	70 cm
Larissa	dicht gfüllt, hellrosa	breitbuschig	80 cm
Loredo	leuchtend gelb, halb gefüllt	breitwüchsig	70 cm
Medeo	ungefüllt, silberweiß	nieder-liegend	60 cm
Nemo	ungefüllt, creme-weiß	aufrecht	100 cm
Pretty Snow	ungefüllt, weiß	bogig über-hängend	100 cm
Purple Roadrunner	locker gefüllt, purpurlila	breitbuschig	70 cm
Ravenna	ungefüllt, dunkelrosa	breitbuschig	80 cm
Sedana	gelb-apricot, halb gefüllt	nieder-liegend	60 cm
Sommerabend	ungefüllt, dunkelrot	nieder-liegend	30 cm
White Roadrunner	halb gefüllt, weiß	breitwüchsig	50 cm

Kletterrosen

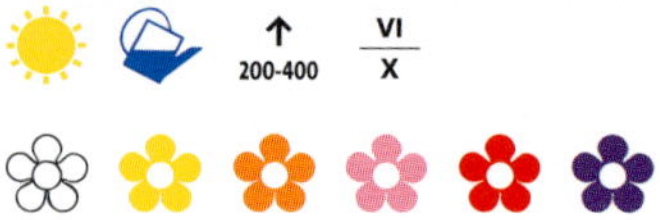

Aussehen Kletterrosen bilden oft meterlange Triebe, die sich sehr schön an Lauben, Pergolen oder Hauswänden emporleiten lassen. Sie blühen in üppigen Büscheln. Fast alle Sorten sind stark bestachelt, Laub mittelgrün, 5–7-teilig gefiedert.

Pflege Alle Rosen bevorzugen einen kräftigen, lehmigen Boden und einen offenen Standort mit ausreichender Luftzirkulation. Der Pflanzabstand beträgt 100–200 cm. Damit sich Kletterrosen reich verzweigen, sollten die jungen Triebe möglichst früh in die Waagerechte geleitet werden, also an einem Gerüst anbindet. Hier entwickeln sich auch die Seitentriebe mit neuen Blüten.

Sorte	Blütenfarbe	Blütenform	Höhe
Alchymist	goldgelb	dicht gefüllt, nostalgisch	200 cm
Aloha	aprikosengelb	dicht gefüllt	
Amadeus	dunkelrot	gefüllt, klassisch	250 cm
Belkanto	samtrot	dicht gefüllt, in Dolden	250 cm
Graciosa	silbrig rosa	dicht gefüllt, nostalgisch	300 cm
Hella	weiß	halb gefüllt	250 cm
Ilse Krohn Superior	weiß	klassiche Edelrosenform	300 cm
Jasmina	hell violettrosa	dicht gefüllt, kugelig	250 cm
Kir Royal	seidenrosa	dicht bgefüllt	300 cm
Laguna	dunkelrosa	dicht gefüllt, nostalgisch	250 cm
Open Arms	hell lachsrosa	halb befüllt	200 cm
Rhonda	dunkelrosa	dicht gefüllt, kugelig	300 cm
Rosanna	lachsrosa	dicht gefüllt, kugelig	250 cm
Rotfassade	hellrot	locker gefüllt	300 cm

Rambler

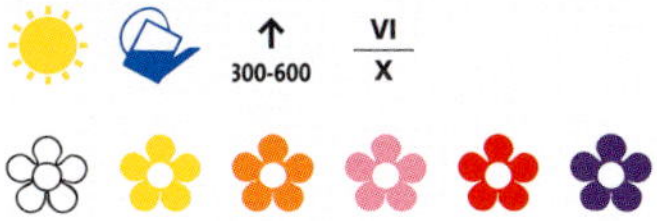

Aussehen Rambler-Rosen machen ihren Namen alle Ehre. Englisch „to ramble“ bedeutet umherschweifen und bezieht sich auf die langen Triebe dieser Gruppe. Mit ihren weichen Trieben winden sie sich durch Sträucher und Bäume und haken sich mit ihren harten Stacheln dort an, wo sie Halt finden. Die kleinen Blüten sitzen meist in Büscheln, das gefiederte Laub ist frischgrün.

Pflege Alle Rosen bevorzugen einen kräftigen, lehmigen Boden und einen offenen Standort mit ausreichender Luftzirkulation. Die langen Triebe sollten möglichst nicht zurück geschnitten werden. Alte Triebe oder zu eng stehende Triebe entfernen.

Sorte	Blütenfarbe	Blütenfüllung	Blütendauer
Albertine	reinrosa	gefüllt	einmal blühend
Alchymist	apricot	gefüllt	einmal blühend
Bobbie James	weiß	gefüllt	einmal blühend
Guirlande d'Amour	weiß	gefüllt	öfter blühend
Kiftsgate	weiß, gelbe Mitte	ungefüllt	einmal blühend
Lykkefund	cremeweiß	halb gefüllt	einmal blühend
Momo	dunkelrot	gefüllt	öfter blühend
Rosenreigen	rosarot	ungefüllt	öfter blühend
Russeliana	violett	gefüllt	einmal blühend
Seagull	weiß	halb gefüllt	einmal blühend
Super Excelsa	karminrot	gefüllt	Öfter blühend
Venusta Pendula	weiß	gefüllt	Einmal blühend

Zwergrosen

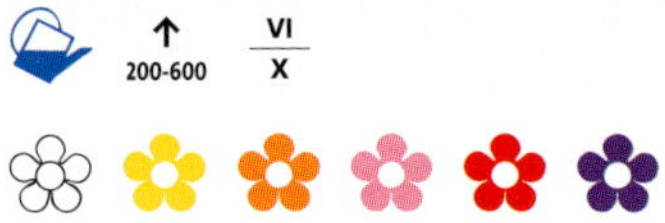

Aussehen Zwergrosen sind meist kleinblütige, sehr niedrig und buschig wachsende Rosen. Das Laub ist gefiedert, dunkelgrün und glänzend.

Pflege Alle Rosen bevorzugen einen kräftigen, lehmigen Boden und einen offenen Standort mit ausreichender Luftzirkulation. Im zeitigen Frühling werden Zwergrosen zurück geschnitten. Schwache Triebe auf 2 bis 3 Augen, kräftige Triebe auf etwa 5 Augen kürzen. Verblühtes ausschneiden, um die Blütenbildung anzuregen. Regelmäßig düngen, ab August keine weitere Düngung. Als Winterschutz 20 cm Erde oder Kompost anhäufeln und mit Nadelreisig abdecken.

Sorte	Blütenfarbe	Blütenform	Wuchshöhe
Alberich	karminrot	halb gefüllt	30 cm
Atlanta	lachsrosa	gefüllt	40 cm
Bambino	dunkelrosa	ungefüllt	30 cm
Charmant	reinrosa	gefüllt, in Dolden	50 cm
Coco	lachsorange	ungefüllt	40 cm
Degenhard	hellrosa	locker gefüllt	30 cm
Guletta	gelb	locker gefüllt	30 cm
Kent	weiß	dicht gefüllt	40 cm
Lupo	rosarot	ungefüllt	50 cm
Medley Red	rot	halb gefüllt	40 cm
Pallas	cremeweiß	dicht gefüllt	40 cm
Pepita	kräftig rosa	dicht gefüllt	50 cm
Roxy	dunkelviolett	dicht gefüllt	40 cm
Sonnenröschen	hellgelb	ungefüllt	30 cm
Zwergenfee 09	hellrot	dicht gefüllt	40 cm

Wildrosen

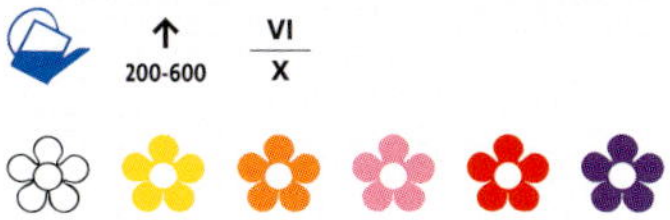

Aussehen Wildrosen besitzen in der Regel ungefüllte Blüten mit fünf Blütenblättern und gut sichtbaren Staubgefäßen. Die Blütengröße ist variabel, Blüten einzeln oder in Büscheln. Laub hell- bis dunkelgrün, gefiedert

Pflege Alle Rosen bevorzugen einen kräftigen, lehmigen Boden und einen offenen Standort mit ausreichender Luftzirkulation. Wildrosen möglichst nicht zurück schneiden, lediglich aus älteren Sträuchern totes Holz heraus schneiden und bei zu starkem Wuchs etwas einkürzen. Verblühtes nicht entfernen, damit sich Hagebutten bilden können.

Botanischer Name	Name	Blüten	Besonderheiten
R. blanda	Eschenblättrige Rose	rosa	fast keine Stacheln, kugelige Hagerbutten
R. canina	Hunds-Rose	hellrosa	heimische Rose, hoher Strauch
R. glauca	Hecht-Rose	purpur-lila	blaugrünes zierliches Laub, Hagebutten
R. hugonis	Father-Hugo-Rose	hellgelb	zierlich gefiedertes Laub, früh blühend
R. moyesii	Rote Büschel-Rose	weinrot	flaschenförmige Hagebutten
R. multiflora	Büschel-Rose	weiß, in Büscheln	klettert, Hagebutten, Bienenweide
R. nitida	Glanz-Rose	Kräftig rosa	ausläuferbildend, für Böschungen
R. pimpinellifolia	Dünen-Rose	hellgelb, weiß	auch für sandige Böden, schwarze Hagebutten
R. roxburghii	Kastanien-Rose	weiß	braune Hagebutten, abschälende Rinde
R. rubiginosa	Schottische Zaun-Rose	rosa, pink	Duft nach Äpfeln, Hagebutten
R. rugosa	Kartoffel-Rose	dunkelrosa, weiß	runzeliges Laub, Hagebutten, salztolerant

Schneeforsythie
Abeliophyllum distichum

100-150 III/IV

Aussehen Wuchs sparrig verzweigt, mit leicht überhängenden Zweigen, bis 2 m breit. Laub spitzoval, dunkelgrün; sommergrün. Blüten glockig, in Büscheln, duftend, erinnern an Forsythienblüten, vor dem Laub erscheinend, später kleine, braune Flügelnüsschen. Sehr wertvoll durch die frühe Blüte. Zierlicher Strauch, der schon vor den meisten anderen Frühlingsblühern blüht.
Pflege Allgemein frosthart, manchmal etwas spätfrostgefährdet, für jeden nicht zu feuchten Boden geeignet. Von Zeit zu Zeit auslichten, um eine gefällige Wuchsform zu erzielen.

Kupfer-Felsenbirne
Amelanchier lamarckii

400-600 IV

Aussehen Wuchs locker aufrecht, oft als mehrstämmiger Strauch, im Alter auch breit wachsend, 4-7 m breit. Laub elliptisch, im Austrieb rotbraun, prächtige Herbstfärbung in allen Orange- und Rottönen; sommergrün. Kleine weiße, zahlreich erscheinende Sternchenblüten in aufrechten Trauben. Im Sommer schwarze bereifte Beeren, die sehr gerne von Vögeln verzehrt werden. Fügt sich bestens in gemischte Blütenhecken ein und ist durch die schöne Herbstfärbung besonders wertvoll.
Pflege Frost- und windfest, Stadtklima vertragend, toleriert sowohl zeitweilige Trockenheit als auch Nässe. Bei Bedarf auslichten.

Sommer-, Schmetterlingsflieder
Buddleja davidii

150-300 VII/VIII

Aussehen Wuchs trichterförmig mit überhängenden Zweigen, 2-4 m hoch und 2-3 m breit, kann aber durch jährlichen Rückschnitt kleiner gehalten werden. Laub lanzettlich, graugrün mit filziger Unterseite; sommergrün, in milden Wintern auch wintergrün. Blüten in bogigen langen Rispen, Schmetterlingsmagnet.
Pflege Für alle durchlässigen, nicht zu sauren Böden, kalkliebend. Unempfindlich gegen Trockenheit und Hitze, friert in kalten Wintern oft stark zurück, treibt aber zuverlässig wieder aus. Jährlicher starker Rückschnitt fördert eine reiche Blüte, und hält das Höhenwachstum in Grenzen.

Bartblume
Caryopteris × clandonensis

↑ 80-150 VIII/X

Aussehen Dichtwüchsig, buschig mit aufrechten Trieben, meist breiter als hoch. Laub lanzettlich, dunkelgrün, unterseits graugrün.
Blüten violettblau, in Büscheln an den Zweigenden.
Pflege Für alle durchlässigen Böden geeignet, kalkliebend, wertvoll durch die späte Blütezeit. Friert in strengen Wintern oft zurück, treibt aber immer wieder durch. Blüht am einjährigen Holz und sollte im Frühjahr stark zurückgeschnitten werden.
Sorten 'Blauer Spatz', kompakter Wuchs, leuchtend blau, 'Summer Sorbet', Laub mit hellgrünen Rändern. 'Grand Bleu', Blüten kräftig dunkelblau;

Zierquitte
Chaenomeles-Hybriden

↑ 100-200 III/IV

Aussehen Wuchs sparrig verzweigt, dichttriebig, mit Dornen. Laub eiförmig, dunkelgrün und leicht glänzend; sommergrün. Blüten schalenförmig, Früchte flachkugelig, gelb, nach Quitten duftend.
Pflege Frühjahrsblüher für frische, durchlässige Böden, die sauer bis neutral sein sollten. Bei zu hohem Kalkgehalt Neigung zu Chlorose, d. h. das Laub wird gelb und kränklich. Sehr schnittverträglich.
Sorten 'Crimson and Gold', bis 1,2 m, dunkelrot mit gelben Staubgefäßen, 'Falconet Charlot', bis 1,5 m, rahmweiß, 'Hollandia', bis 1,5 m, lachsrot, 'Pink Lady', bis 1,5 m, dunkelrosa.

Kornelkirsche
Cornus mas

↑ 200-600 III/IV

Aussehen Hoher Strauch mit meist mehreren Grundtrieben, sparrig verzweigt. Anfangs langsamwüchsig. Laub eiförmig, grün, leicht glänzend; sommergrün, gelegentlich gelbe Herbstfärbung. Blüten hellgelb in kleinen Büscheln, vor dem Laubaustrieb. Im Spätsommer längliche Steinfrüchte, rot, werden gerne von Vögeln gefressen, können aber auch für Konfitüren verwendet werden.
Pflege Anspruchslos, bevorzugt kalkhaltige, warme Böden. Bei der Pflanzung ist darauf zu achten, dass die Kornelkirsche die ersten Jahre etwas konkurrenzschwach ist. Durch die frühe und reiche Blüte sehr wertvoll.

Deutzie
Deutzia-Hybriden

150-300 VI/VII

Aussehen Wuchs aufrecht bis überhängend, dichtbuschig. Laub eiförmig bis lanzettlich; sommergrün. Blüten glockig bis sternförmig, in Rispen.
Pflege Für alle nicht zu trockenen, am besten frischen Böden. Nach der Blüte etwas auslichten.
Sorten *D.* × *lemoinei* 'Boule de Neige', bis 1,5 m hoch und breit, Blüten cremeweiß mit gelben Staubgefäßen, *D.* × *magnifica,* straff aufrecht, 3-4 m hoch und 2-2,5 m breit, Blüten weiß, locker gefüllt, 'Mont Rose', aufrecht mit überhängenden Zweigen, 1,5–2 m hoch und breit, Blüten hellrosa, groß, *D. scabra* 'Plena', aufrecht, 4 m hoch und 2,5 m breit.

Forsythie
Forsythia × *intermedia*

150-250 IV

Aussehen Wuchs aufrecht mit überhängenden Zweigen, etwa so breit wie hoch. Laub breit lanzettlich, dunkelgrün; sommergrün. Blüten gelb, mit vier Blütenblättern, sehr zahlreich vor dem Laubaustrieb erscheinend.
Pflege Frosthart, für jeden frischen, nahrhaften Boden geeignet. Klassischer Frühjahrsblüher mit guter Fernwirkung. Bei Bedarf nach der Blüte auslichten.
Sorten 'Lynwood', leuchtend gelbe, sehr große Blüten, 2–3 m hoch und 2 m breit, dichter Wuchs, 'Spectabilis', dunkelgelbe Blüten, 3 m hoch und ebenso breit, 'Spring Glory', hellgelbe Blüten, bis 3 m hoch und ebenso breit.

Garteneibisch
Hibiscus syriacus

100-150 VIII/X

Aussehen Wuchs straff aufrecht, etwas sparrig. Laub eiförmig, Rand gelappt, dunkelgrün; sommergrün. Dekorative Malvenblüten, auch zweifarbig. Wertvoll durch die späte Blüte.
Pflege Durchlässige, aber frische und nährstoffreiche Böden werden bevorzugt. Am besten an einen geschützten, warmen Platz pflanzen, kann in strengen Wintern zurückfrieren. Möglichst wenig schneiden, lediglich zur Korrektur der Wuchsform oder bei Frostschäden.
Sorten 'Blue Bird', blauviolett, mittelgroß, sehr reich blühend, 'Duc de Brabant', mittelrosa, stark gefüllt, 'Hamabo', rosa mit rotem Mittelfleck.

Bauern-Hortensie
Hydrangea-Hybriden

↑ 100-150 VII/IX

Aussehen Wuchs aufrecht verzweigt, meist breiter als hoch. Laub hellgrün bis mittelgrün, eiförmig, Rand scharf gezähnt. Fast perfekt kugelförmige Blütenstände mit großen Einzelblüten. Die älteren Sorten blühen am vorjährigen Holz, neue Sorten auch am einjährigen.

Pflege Gedeiht am besten an einem geschützten Standort ohne direkte Sonne. Bei Trockenheit immer ausreichend gießen. Kein Rückschnitt im Frühjahr, nur Abgeblühtes entfernen.

Sorten 'Endless Summer', je nach pH-Wert rosa oder blau, blüht auch am einjährigen Holz.

Ranunkelstrauch
Kerria japonica 'Pleniflora'

↑ 200-300 V/VI

Aussehen Wuchs ausgebreitet, mit straff aufrechten Grundtrieben. Im Alter meist wesentlich breiter als hoch. Laub spitz eiförmig mit gezähntem Rand, dunkelgrün; sommergrün. Blüten gelb, dicht gefüllt. Blüht auch im Schatten zuverlässig. Selten im Handel ist die ungefüllte Wildform, die sich sehr gut in Naturhecken einfügt.

Pflege Frosthart, bevorzugt durchlässigen, eher trockenen als feuchten Boden, insgesamt sehr anspruchslos. Gelegentlicher Auslichtungsschnitt empfehlenswert. verträgt aber auch einen kräftigen Rückschnitt, falls er aus der Form geraten ist.

Kolkwitzie
Kolkwitzia amabilis

↑ 200-300 V/VI

Aussehen Wuchs aufrecht mit überhängenden Zweigen, im Alter lockerer. Malerischer Gesamteindruck. Laub spitz eiförmig, stumpfgrün, leicht behaart; sommergrün. Glockige rosa Blüten in dichten Büscheln, die angenehm duften. Im Herbst zieren die wattebauschähnlichen Früchte den Strauch.

Pflege Robust, frosthart, geeignet für alle nicht zu kalkhaltigen Böden. Blüht auch im Halbschatten zuverlässig und verträgt zeitweilige Trockenheit gut. Die Kolkwitzie ist ein spektakulärer Blütenstrauch von überschäumender Blütenfülle. Bei zu dichtem Wuchs ist ein Auslichtungsschnitt erforderlich.

Zier-Apfel
Malus-Hybriden

↑ 200–500 V/VI

Aussehen Großstrauch oder kleiner Baum, je nach Sorte sehr unterschiedlich. Laub eiförmig, meist dunkelgrün. Vor dem Laubaustrieb kleine Schalenblüten in großer Fülle. Ab Spätsommer Steinfrüchte in unterschiedlichen Formen und Farben.
Pflege Bevorzugt nahrhafte, durchlässige Böden mit nicht zu hohem pH-Wert, ausreichend frosthart. Bei Bedarf Auslichtungsschnitt.
Sorten 'Eleyi', 4–6 m hoch und 3–4 m breit. Blüten dunkelrot, Laub im Austrieb braunrot, später dunkelgrün, Früchte rund, dunkelrot. 'Evereste', 4–6 m hoch, schmal wachsend, Blüten weiß mit rosa Hauch, Früchte orangerot gestreift.

Pfeifenstrauch
Philadelphus-Hybriden

↑ 100–250 VI/VII

Aussehen Wuchs meist straff aufrecht, im Alter mit überhängenden Zweigen. Laub spitz eiförmig, dunkelgrün mit rauer Oberfläche; sommergrün. Blüten weiß, in kurzen Trauben oder Büscheln. Große Einzelblüten.
Pflege Für jeden einigermaßen nahrhaften, nicht zu trockenen Boden geeignet, frosthart. Regelmäßig von der Basis her auslichten.
Arten und Sorten 'Belle Etoile', 1–1,5 m hoch und breit, Blüten einfach, sehr groß, stark duftend, *P. coronarius* 2–3 m hoch und 1,5–2 m breit, stark duftend, 'Manteau d'Hermine', 1–1,5 m hoch, langsam wachsend, im Alter bis 1,5 m breit.

Zier-Kirsche
Prunus serrulata

↑ 300–800 IV/V

Aussehen Kleiner Baum, manchmal mehrstämmig, je nach Sorte breitkronig oder schmal wachsend. Laub eiförmig, dunkelgrün; sommergrün mit orangeroter Herbstfärbung. Blüten einfach oder gefüllt, in dichten Büscheln, meist vor Austrieb des Laubes. Dekorative rötliche Rinde.
Pflege Frosthart, gelegentlich spätfrostgefährdet; wächst am besten auf nährstoffreichen Böden, verträgt aber zeitweilige Trockenheit. Schnittmaßnahmen sind selten nötig. Bei Befall Monilia-Spitzendürre die Zweige stark zurück schneiden. Die Bäume werden nicht sehr alt, nach 30–40 Jahren ist mit Astbruch zu rechnen.

Rhododendron
Rhododendron-Hybriden

↑ 80-200 IV/VI

Aussehen Wuchs breitbuschig bis kuppelartig, je nach Sorte bis zu 4 m, die neuen Züchtungen bleiben aber meist viel kleiner, breiter als hoch. Laub schmal oval, lederartig; immergrün. Glockige Einzelblüten in meist kompakten Büscheln, fast alle Farben.
Pflege Bei Schutz vor Wintersonne auch an sonnigen Standorte. Benötigt humosen, frischen, sauren Boden, allerdings gibt es seit kurzer Zeit Sorten, die auf spezielle Unterlagen veredelt werden und daher in Maßen kalktolerant sind (sogenannter INKARHO-Rhododendren). Yakushimanum-Hybriden wachsen kompakt und werden selten über 1,5 m hoch.

Edel-Flieder
Syringa × chinensis

↑ 200-400 V/VI

Aussehen Bekannter und beliebter Spätfrühlingsblüher. Wuchs aufrecht, dicht, Laub herzförmig, dunkelgrün. Blüten in endständigen dicken Rispen, stark duftend.
Pflege Anspruchslos, Hitze und Trockenheit vertragend. Kalkliebend, gedeiht aber auf nahezu allen Böden. Wenn nötig, Rückschnitt nach der Blüte.
Sorten 'Andenken an L. Späth', purpurlila, einfach, 'Charles Joly', purpurrot, gefüllt, 'Mme. Antoine Buchner', rosa, gefüllt, 'Mme. Lemoine', weiß, gefüllt, 'Primrose', cremeweiß bis hellgelb, einfach, 'Ruhm von Horstenstein', violettrot, einfach, 'Sensation', dunkellila mit weißem Rand, einfach.

Weigelie
Weigela-Hybriden

↑ 100-200 VI/VII

Aussehen Wuchs buschig aufrecht, im Alter auch überhängend. Laub spitz eiförmig, mittelgrün; sommergrün. Röhrenblüten in Büscheln, spätere Nachblüte möglich. Wertvolles, spät blühendes Gehölz.
Pflege Robust, frosthart, kommt mit allen nicht zu trockenen Böden zurecht. Nach der Blüte vorsichtig auslichten.
Sorten 'Bristol Ruby', bis 3 m hoch, Blüten rubinrot, 'Carnaval', 2 m hoch, Blüten hell- bis dunkelrosa, 'Eva Rathke', 2 m hoch, Blüten dunkelrot, *W. florida* 'Nana Variegata', 1,5–1,8 m hoch, Blüten rosa, Laub weiß gerandet.

Rosa Strahlengriffel
Actinidia kolomikta

↑ 200-300 V/VI

Aussehen Langsam wachsende Schlingpflanze, benötigt eine Kletterhilfe zum Umschlingen. Große, breite Blätter mit gezahntem Rand, Blattoberseite im Frühjahr unregelmäßig weiß, später leicht Rosa. Blüte weiß, zweihäusig, später kugelige, gelbgrüne Beeren.
Pflege Benötigt einen sonnigen, windgeschützten Platz, am besten an einer Hauswand. Bevorzugt sandig-lehmige, humose Gartenböden. Vor starken Frösten schützen, eventuell mit einem Vlies abdecken, um einen zu frühzeitigen Austrieb zu verhindern.

Klettergurke
Akebia quinata

↑ 300-600 V

Aussehen Linkswindende Schlingpflanze mit kräftigem Wuchs. Das Laub besteht aus fingerartig gefiederten Blättern. Violette, 2–3 cm große Blüten im Mai, männliche Blüten kleiner und rosa, gurkenförmige Frucht (sehr selten). Bei milden Wintertemperaturen haften die Blätter bis in den Winter an der Pflanze.
Pflege Bevorzugt tiefgründigen, humosen Boden und einen geschützten Standort. Von Zeit zu Zeit alte, stark verholzte Triebe direkt über dem Boden herausschneiden. Benötigt eine Kletterhilfe in Form eines Spaliers oder Drahtseils.

Trompetenblume
Campsis-Hybriden

↑ 300-500 VII/X

Aussehen Kletterpflanze mit überhängenden Trieben, verholzend, benötigt ein Gerüst, an dem sie sich abstützen kann. Laub eiförmig, dunkelgrün, gefiedert zusammengesetzt. Trompetenartige Blüten, zu mehreren zusammen.
Pflege Standort in voller Sonne, aber ein kühl-feuchter Wurzelbereich, bevorzugt sandig-lehmige Gartenböden, blüht nur in voller Sonne.
Sorten 'Madame Galen', großblütig, kräftig rot, 'Indian Summer', Blüten terrakottabraun, etwas schwachwüchsiger; 'Flava', hellgelb blühend, dunkles Laub; 'Flamenco', sehr große dunkelrote Blüten ab August.

Früh blühende Waldreben
Clematis alpina, C. macropetala

150-400 IV/V

Aussehen Klettert mit Hilfe in Ranken umgewandelten Blättern am Ende der zusammengesetzten Fiederblätter. Laub dunkelgrün. Blüten nickend, glockenförmig, auch gefüllte Sorten.
Pflege Die Sorten dieser Gruppe sind pflegeleicht. Sie mögen aber keinen heißen Standort und sind sehr empfindlich gegenüber Staunässe und schweren Böden. Optimal für halbschattige, trockene Standorte. Nachblüte im Spätsommer ist möglich.
Sorten 'Frances Rivis', leuchtend blaue Blüte, 'Maidwell Hall', lavendelblau, großblütig; 'Rosie O'Grady', gefüllte Blüten in sanftem Rosa; 'White Swan', weiße, gefüllte Blüten.

Großblumige Waldreben
Clematis-Hybriden

150-300 V/VII

Aussehen Klettert mit Hilfe in Ranken umgewandelten Blättern am Ende der zusammengesetzten Fiederblätter. Laub dunkelgrün. Blüten offen, schalenförmig, auch gefüllte Sorten.
Pflege *Clematis*-Hybriden benötigen einen gut versorgten, humosen Boden ohne Staunässe. Der Standort sollte sonnig sein, der Fußbereich aber unbedingt beschattet. Ein jährlicher kräftiger Rückschnitt ist sinnvoll.
Sorten 'Ascotiensis' (Bild), Blüte blauviolett, sternförmig, kräftig, 'Hagley Hybrid', hellrosa mit weinroten Staubgefäßen.

Italienische Waldrebe
Clematis-viticella-Hybriden

150-300 VII/IX

Aussehen Klettert mit Hilfe in Ranken umgewandelten Blättern am Ende der zusammengesetzten Fiederblätter. Laub dunkelgrün. Blüten offen, schalenförmig, auch gefüllte und glockenförmige Sorten, kleinblumig.
Pflege *Clematis*-Hybriden benötigen einen gut versorgten, humosen Boden ohne Staunässe. Der Standort sollte sonnig sein, der Fußbereich aber unbedingt beschattet. Ein jährlicher kräftiger Rückschnitt ist sinnvoll. Viticella-Hybriden sind besonders robust und werden nicht von der Clematiswelke befallen.
Sorten 'Alba Luxurians', weiße Blüten mit grünen Spitzen.

Glockenrebe
Cobaea scandens

↑ 50-300 | VI/X

Aussehen Rasch aufrecht kletternd, Blüten glockenförmig, Laub dunkelgrün, spitz eiförmig. Ideal für Zäune, Rosenbögen, Lauben, Balkone oder Rankgitter. Die Blüten stehen auf festen Stielen. Als kleine Sträußchen geschnitten, sind sie in der Vase lange haltbar.
Pflege Durch das rasche Wachstum benötigen die Pflanzen viel Wasser und Nährstoffe, regelmäßig gießen. Sie gedeihen auf jedem humusreichen, lockeren Gartenboden oder in durchlässiger Blumenerde. Ein warmer, sonniger Standort fördert eine reiche Blüte. Aussaatzeit Ende März bis Anfang Mai im Haus.

Blaue Mauritius
Convolvulus sabatius

↑ 100-200 | VI/X

Aussehen Kletterpflanze, umschlingt Zäune und Stäbe. Hellblaue Trichterblüten erscheinen in großer Zahl.
Pflege Je mehr Sonne die Blaue Mauritius bekommt, desto besser wächst sie. Hoher Düngerbedarf durch den raschen Wuchs. Erst gießen, wenn die Erde gut abgetrocknet ist. Bevorzugt wird lehmig-humoser Boden. Durch Einkürzen der Triebe verzweigt sich die Pflanze besser. Überwinterung im Haus möglich, vor dem Einräumen im Winter kürzt man zwei Drittel der langen Triebe ein. Überwintert wird hell, bei etwa 10 °C, wenig gießen.

Gewöhnlicher Hopfen
Humulus lupulus

↑ 500 | VIII/IX

Aussehen Rechtswindende Kletterpflanze, sehr starkwüchsig, mit gezackten Blättern und Trieben. Im Winter stirbt der oberirdische Teil der Pflanze ab und treibt im Frühjahr wieder aus. Blüten in Dolden, im trockenen verblühten Zustand in der Floristik beliebt.
Pflege Liebt einen frischen, humosen Gartenboden und benötigt eine Kletterhilfe (auch gut an Laternen oder alten Telefonmasten). Stickstoffhaltiger Dünger im Frühjahr fördert das Wachstum. Sehr winterhart, im Herbst die gesamte Pflanze herunterschneiden.

Kletter-Hortensie
Hydrangea petiolaris

BIS 1000 VI/VII

Aussehen Kräftiger Haftwurzelkletterer, benötigt an einer rauen Wand keine Kletterhilfe, da sie sich mithilfe von Haftwurzeln an Wänden und Bäumen festhalten kann. Auch als Bodendecker zu verwenden. Belaubung glänzend dunkelgrün, sommergrün. Weiße Blüten in flache, 15–20 cm große Trugdolden.
Pflege bevorzugt sandig-lehmige Gartenböden, wichtig ist eine genügende Bodenfeuchte. Ein Rückschnitt sollte nur bei Bedarf im Frühjahr (Februar bis März) durchgeführt werden. Benötigt bis zur Blüte einige Jahre, kann aber sehr alt werden.

Prunkwinde
Ipomoea purpurea

200-300 VI/X

Aussehen Schlingpflanze mit auffallenden großen Trichterblüten, die nur einen Tag halten, sich aber ständig neu bilden. Herzförmig gebuchtetes, frischgrünes Laub.
Pflege Bevorzugt einen warmen, windgeschützten Standort und nahrhaften, durchlässigen Boden. Regelmäßig gießen und düngen. Anzucht aus Samen: Je 3-4 Korn in einen Topf oder ab Ende April direkt ins Freiland legen, ca. 1 cm dick mit Erde bedecken, andrücken und gleichmäßig feucht halten.
Sorten 'Blue Star', Blüten leuchtend azurblau mit dunkleren Streifen, 'Flying Saucer', weiß mit hellblauen Pinselstrich-Streifen.

Breitblättrige Platterbse
Lathyrus latifolius

150-250 VI/IX

Aussehen Wuchs kletternd, Stängel vierkantig, geflügelt, Laub mittelgrün, einzelne Blätter gefiedert zusammengesetzt, endständiges Blatt zu Ranken umgebildet, mit denen sich die Staude an der Rankhilfe festhält. Schmetterlingsblüten in lockeren Trauben, danach bohnenartige Samenschoten.
Pflege Bevorzugt lehmigen Boden, kalkliebend. Häufig verwildert anzutreffen. Im Herbst sterben die oberirdischen Teile ab. Benötigt eine Kletterhilfe, an der sich die Blattranken festhalten können.
Sorten 'White Pearl', perlmuttweiß mit rosa Äderung.

Duft-Wicke
Lathyrus odoratus

↑ 20-100 VII/IX

Aussehen Aufrecht wachsend oder buschig, blaugrüne Stängel und Blätter, Laub gefiedert. Bei rankenden Sorten endständige Blattranken. Schmetterlingsblüten in endständigen Trauben, stark duftend!
Pflege Bevorzugt humosen, eher frischen Boden. Am besten ab April an Ort und Stelle aussäen, gleichmäßig feucht halten, mäßig düngen. Kletternde Sorten benötigen eine Rankhilfe. Verblühtes sofort abschneiden, um Samenbildung zu verhindern. Neigt an heißen Standorten zu Mehltau.
Sorten 'Ripple Mix', 2 m, pastellfarben mit dunklerer Mitte, 'Ramira', 2 m, weinrote Blüten mit lila Schiffchen.

Geißblatt, Jelängerjelieber
Lonicera heckrottii

↑ 300-600 VI/IV

Aussehen Starkwüchsiger, breitbuschig wachsender Schlinger, länglich-ovale, dunkelgrüne Blätter. Die orangeroten Trichterblüten stehen in Büscheln und duften stark. Sie werden von Nachtfaltern bestäubt.
Pflege Bevorzugt sandig-lehmige, humose Gartenböden und einen geschützten Platz. An heißen Standorten anfällig für Blattläuse. Von Zeit zu Zeit einkürzen und alte Triebe herausschneiden, die nicht mehr gut blühen.
Weitere Arten *L. caprifolium,* cremeweiße röhrenförmige Blüten, stark duftend;
L. henryii, kleinblütig, Blüten gelb-rot, immergrün;
L. periclymenum, hellgelbe duftende Blüten in Quirlen.

Rosenkelch
Rhodochiton sanguineum

↑ 150-200 VII/X

Aussehen Zierliche, romantisch und exotisch wirkende Kletterpflanze aus Mexiko. Laub herzförmig, frischgrün. Purpurrosa Blütenkelche blühen unermüdlich von Ende Mai bis zum Frost. Ihre kräftig wachsenden, aber zierlichen Triebe können an Pyramiden, Bögen oder Rankgittern aufgeleitet werden oder einfach aus Ampeln und Gefäßen höchst dekorativ herunterhängen.
Pflege Am besten an warmer, geschützter Stelle im Halbschatten pflanzen. Jede humose, durchlässige Gartenerde ist geeignet. Aussaat auf der Fensterbank, nach den Eisheiligen ins Freie.

Spaltkörbchen, Wu Wei Zi
Schisandra chinensis

↑ 600-1000 VI/VIII

Aussehen Wuchs kletternd, laubabwerfender, verholzender, robuster Ranker. Wechselständig angeordnete, ovale bis elliptische, leicht zugespitzte, tiefgrünen Blätter mit gesägten Rändern, rötlich gefärbte Blattstiele. Einzeln oder in Ähren erscheinende, langgestielte, weiße bis zart rosafarbene zweihäusige Blüten die intensiv duften. Fleischige rote Früchte essbar, der Geschmack ist gewöhnungsbedürftig und soll von süß, sauer, scharf, bitter bis salzig reichen
Pflege Bevorzugt humosen Boden mit genügend Feuchtigkeit. Benötigt kräftiges Rankgerüst, kann bei Bedarf zurückgeschnitten werden. Sehr frosthart bis ca. –25 °C.

Schwarzäugige Susanne
Thunbergia alata

↑ 150-200 VI/X

Aussehen Leuchtende Blüten mit einem tiefschwarzen Auge. Laub dunkelgrün, eiförmig, groß. Für Rankgitter, Pyramiden oder Balkonkästen.
Pflege Benötigt nahrhaften, durchlässigen Boden. Regelmäßig düngen und großzügig gießen. Kann durch Aussaat selbst herangezogen werden. Die schnell wachsenden Schlinger brauchen eine Vorkultur in Töpfen auf der Fensterbank oder im Gewächshaus. Nach dem Aufgehen stäben, damit sie sich nicht verhaken.
Sorten ‘Susi’, orange mit schwarzem Auge, ‘Lemon Star’, gelb mit schwarzem Auge, ‘African Sunset’, terrakottafarben.

Blauregen, Glyzinie
Wisteria sinensis

↑ 600-1000 V/VI

Aussehen Der Blauregen ist eine schnell wachsende, linkswindende Schlingpflanze. Laub hellgrün, gefiedert. Die hängenden, violetten Blütentrauben mit Schmetterlingsblüten werden bis zu 30 cm lang, sie erscheinen am mehrjährigen Holz vor dem Blattaustrieb. Aus der Blüte entstehen bohnenartige, ca. 20 cm lange, giftige Hülsen.
Pflege Bevorzugt sandiglehmige Gartenböden ohne Staunässe, kalktolerant. Sehr stark wachsend, benötigt eine stabile Kletterhilfe, nicht an Dachrinnenrohre pflanzen. Bei Bedarf ist kräftiger Rückschnitt möglich.
Weitere Arte *W. floribunda* für geschützten Standort.

Leberbalsam
Ageratum houstonianum

↑ 15-40 V/X

Aussehen Kompaktbuschig, dicht verzweigt; Laub mittelgrün, rau. Blüten in flachen Doldentrauben. Die knopfartigen Blütenknospen entwickeln sich zu lockeren Pompons mit fransigen Blütenblättern. Für Unter- und Zwischenpflanzungen, die höheren Sorten sind auch schöne Schnittblumen.
Pflege Nährstoffbedarf ausgeglichen bis hoch. Um die Blütezeit zu verlängern, regelmäßig verblühte Dolden entfernen. Insgesamt pflegeleicht, verträgt keine Staunässe. Für Unter- und Zwischenpflanzungen.
Sorten 'Blaue Donau', mittelblau, 20 cm, 'Royal Hawaii', purpurviolett, 15 cm, 'Weißer Schnitt', weiß, 50 cm.

Löwenmäulchen
Antirrhinum-Hybriden

↑ 20-50 VII/X

Aussehen Buschig bis mehrtriebig aufrecht, Laub stumpf dunkelgrün. In aufrechten Trauben angeordnete typische Löwenmäulchen-Blüten. Leitpflanze in Misch- und Kastenpflanzungen, Schnittblume, lockt Bienen und Schmetterlinge an.
Pflege Nährstoffbedarf mittel bis hoch, ansonsten pflegeleicht. Hohe Stickstoff-Düngung vermeiden. Verblühtes regelmäßig abschneiden. Pinzieren der Hauptknospen fördert reiche Verzweigung. Aussaat März bis Mai in Schalen oder direkt ins Freiland. Nicht mit Erde bedecken, nur andrücken und feucht halten. Direktaussaat ab April möglich. Nach dem ersten Flor ist ein Rückschnitt für die Herbstblüte erforderlich.
Sorten 'Schnitt-Mischung', 60 cm, bunte Farbmischung für den Vasenschnitt, 'Madame Butterfly', 80 cm, Mischung mit gefüllten Blüten, 'Serenade', 50 cm, mit weit geöffneten Rachenblüten, Mischung, 'Columbia-Mischung', kompakte Blütenkerzen mit sehr dicht sitzenden Blüten.

Ringelblume
Calendula officinalis

30-40 VI / IX

Aussehen Aufrecht, nur wenig verzweigt, rasch wachsend, einfache oder gefüllte Strahlenblüten, Laub mittelgrün, rau, lanzettlich. Altbekannte Heil- und Bauerngartenblume.
Pflege Bevorzugt frischen, durchlässigen Boden, Nährstoffbedarf mittel, regelmäßig gießen, verblühte Pflanzenteile entfernen, um die Blütezeit zu verlängern. Insgesamt sehr pflegeleicht.
Sorten 'Princess Orange', leuchtend orange, Blüten halb gefüllt, 'Fiesta Gitana Mischung', Orange- und Rosttöne mit brauner Mitte. 'Oranges Stachelschwein', auffällig nadelförmige Blüten; 'Touch of Red Mix', rot-gelb geflammte Blüten, auffallend.

Sommeraster
Callistephus chinensis

30-70 VI / IX

Aussehen Wuchs aufrecht bis ausladend, schnell wachsend, einfache oder gefüllte Strahlenblüten. Hohe Sorten sind auch für den Schnitt geeignet. Laub mittelgrün, lanzettlich.
Pflege Regelmäßig verblühte Pflanzenteile entfernen, um die Blütezeit zu verlängern. Ausreichend gießen und düngen, Staunässe vermeiden. Das Substrat sollte neutral bis schwach alkalisch sein. Nährstoffbedarf mittel bis hoch. Moderne Züchtungen sind weitgehend resistent gegen die Asternwelke.
Sorten 'Pompon-Aster', hohe Farbmischung mit kugeligen gefüllten Blüten.

Kornblume
Centaurea cyanus

30-60 VI / IX

Aussehen Wuchs stark verzweigt, Stängel und Laub graugrün, Blätter lanzettlich. Zahlreiche Korbblüten mit geschlitzten Blütenblättern, auch gefüllte Sorten. Heimische Ackerbegleitpflanze.
Pflege Kornblumen gedeihen in voller Sonne und im Halbschatten, sie bevorzugen einen nährstoff- und humusreichen Boden. Aussaat ab März direkt ins Freiland, Herbstaussaaten im September überwintern mit einer kleinen Blattrosette und blühen im nächsten Jahr früher. Bei Kahlfrösten im Winter mit Fichtenreisig abdecken. Im Frühling haben sie einen Wachstumsvorsprung und blühen besonders früh, ab Anfang Juni.

Kiel-Wucherblume
Chrysanthemum carinatum

↑ 60-90 VII/IX

Aussehen Wuchs aufrecht verzweigt, Laub fein gefiedert, frischgrün. An den Stängelenden einfache und halbgefüllte Blüten, die in der Vase lange haltbar sind.
Pflege Sehr standorttolerant, gedeiht in jedem Gartenboden an sonniger bis halbschattiger Stelle. Kontinuierlich Verblühtes abschneiden, um weitere Blütenbildung anzuregen. Aussaat ab April ins Frühbeet oder direkt ins Beet, Samen dünn mit Erde bedecken. Für eine bessere Verzweigung kneift man die Triebspitzen der Jungpflanzen aus, sobald diese 10 cm hoch sind.
Sorten 'Polar Star', 80 cm, Blüten weiß mit gelbem Innenring.

Spinnenblume
Cleome spinosa

↑ 50-100 VII/IX

Aussehen Wuchs aufrecht, stark verzweigt, Laub frischgrün. Blüten in Büscheln an den Stängelenden, mit weit herausragenden Staubgefäßen.
Pflege Gedeiht am besten in durchlässigem, lehmigem Gartenboden an sonnigwarmer Stelle. Aussaat ab März bis Mai ins Frühbeet oder zu 2-3 Korn in einen Topf, in zweifacher Samenstärke mit Erde bedecken, andrücken und feucht halten. Nur sehr junge Pflanzen lassen sich pikieren und umpflanzen. Regelmäßig gießen und abgeblühte Dolden herausschneiden.

Schmuckkörbchen
Cosmos bipinnatus

↑ 30-120 VII/X

Aussehen Aufrecht, stark verzweigt, schnell wachsend; mittelgrünes, sehr fein gefiedertes Laub. Blüten schalenförmig, auch gefüllte Sorten im Handel. Lässt sich gut als Lückenfüller im Staudenbeet verwenden, ebenso in Blumenwiesen.
Pflege Nährstoff- und Wasserbedarf mittel bis hoch, regelmäßig gießen, verblühte Pflanzenteile entfernen, um die Blütezeit zu verlängern.
Sorten 'Daydream', 120 cm, rosa mit rotem Innenring, 'Sea Shells', 100 cm, mit zusammengerollten Blütenblättern, 'Double Click', 80 cm, gefüllte Blüten.

Chinesische Nelke
Dianthus chinensis

↑ 15-30 VI/IX

Aussehen Kompakter, gedrungener Wuchs, Laub dunkelgrün, lanzettlich. Blüten schalenförmig, ganz geöffnet, Blütenblätter an den Rändern gefranst, süß duftend.
Pflege Warmer Standort, durchlässige, frische Böden. Ab April in Schalen oder Frühbeet säen, in 1,5-facher Samenstärke mit Erde bedecken, andrücken und feucht halten. Entspitzen oder Stutzen bringt kompakte Pflanzen mit vielen Blütentrieben. Vorsicht, auf Nelkenrost achten. Befallene Pflanzenteile vernichten, aber nicht auf den Kompost werfen. Vor Kaninchen schützen.

Goldmohn
Eschscholtzia californica

↑ 15-25 VI/VIII

Aussehen Wuchs niedrig, gedrungen, Laub frischgrün, sehr fein geschlitzt. Blüten mohntypisch, seidenartig.
Pflege Liebt lockeren, sandigen, wasserdurchlässigen Boden in sonniger Lage. Aussaat März bis Mai, direkt an Ort und Stelle säen, nur flach mit Erde bedecken, andrücken und feucht halten. In mildem Klima kann auch im September gesät werden. Die Sämlinge lassen sich wegen der Pfahlwurzeln nur sehr schwer pikieren. Goldmohn sät sich häufig selbest wieder aus.
Sorten 'Apricot Chiffon', halbgefüllte Blüten in lachsorange, 'Inferno', halbgefüllt, leuchtend orange.

Sommerazalee
Godetia grandiflora

↑ 40-60 VI/VIII

Aussehen Wuchs aufrecht, wenig verzweigt, Laub dunkelgrün, lanzettlich. Blüten trichterförmig, Rand oft gerüscht, mit dunklerer Zeichnung auf den Blütenblättern.
Pflege Liebt mittelschweren Boden in sonniger bis leicht halbschattiger Lage. Aussaat von März bis Mai direkt ins Freiland. 2-3 Korn zusammenlegen, in 2-facher Samenstärke mit Erde bedecken, andrücken und feucht halten. Im Jugendstadium auf Erdflöhe achten, Befall zeigt sich durch Lochfraß in den Blättern. Selbst knospig geschnittene Blütenstiele blühen auf.

Schleierkraut
Gypsophila elegans

30-50 VI/IX

Aussehen Wuchs sparrig verzweigt, insgesamt aber kompakt, Laub graugrün, lanzettlich, klein. Blüten zierlich, in Massen in lockeren Dolden. Lässt sich auch gut getrocknet verwenden.
Pflege Bevorzugt nährstoffarmen, aber lockeren Gartenboden in sonniger bis halbschattiger Lage. Durch die zierlichen Blüten ist das Schleierkraut eine beliebte Schnittblume und wirkt auflockernd in jedem Blumenstrauß. Aussaat von März bis Juni an Ort und Stelle. Alle 3-4 Wochen Folgesaaten vornehmen, damit immer frische Blumen geschnitten werden können.

Sonnenblume
Helianthus annuus

30-200 VII/IX

Aussehen Wuchs straff aufrecht, schnell wachsend, für Kästen und Kübel spezielle Zwergsorten, zum Teil mehrtriebige. Laub rau, sehr groß. Strahlenblüten mit korbartiger Mitte. Die höheren Sorten als Schnittblumen. bei einigen Sorten sind die Blüten steril und können so keine Wäsche mehr mit Pollen verschmutzen. Sonnenblumen drehen sich immer der Sonne zu, ihre Blütenköpfe wandern im Laufe des Tages von Ost nach West.
Pflege Raschwüchsig, benötigt daher viel Wasser und Dünger. Schlappt schnell bei Trockenheit. Verblühende Sorten setzen auf der Mittelscheibe Samen an (Vogelfutter!).

Vanilleblume
Heliotropium arborescens

30-80 V/IX

Aussehen Wuchs aufrecht bis kompakt buschig, Blüten klein, zahlreich in großen Dolden, süß duftend, Insektenweide. Laub dunkelgrün, spitz eiförmig, runzelig. Kann auch als Hochstamm gezogen werden.
Pflege Frühzeitiges Entspitzen der Triebe für buschigen Wuchs, regelmäßig abgeblühte Blüten entfernen, Überwinterung hell bei etwa 10 °C möglich. Substrat schwach sauer, frisch, humos. Nährstoffbedarf mittel bis hoch. Regelmäßig gießen, Staunässe und Ballentrockenheit vermeiden, vor Wind und Regen schützen.
Sorten 'Nautilus', Blüten dunkelblau, kompakter Wuchs.

Bechermalve
Lavatera trimestris

↑ 60-100 VII/IX

Aussehen Wuchs aufrecht buschig; mittel- bis dunkelgrünes Laub. Bechermalven sind mit ihren großen, becherförmigen Blüten wunderschöne Schnittblumen. In kleinen Gruppen gepflanzt sind sie auch auf dem Blumenbeet attraktiv und blühen dort ununterbrochen von Juli bis zum Herbst. Beliebte Bauerngartenblume, die gerne in Reihen zwischen Nutzpflanzen gesät wird.
Pflege Bevorzugt sonnige Standorte mit durchlässigem, nicht zu nährstoffreichem Boden. Regelmäßig gießen, nur auf sehr kargen Böden düngen, sonst blühen die Pflanzen schlecht. Wenn man die Blüten schneidet, sobald sich die Knospen gerade öffnen, halten sie sich 1-2 Wochen in der Vase. Die abgeblühten, getrockneten Samenstände eignen sich sehr gut zum Trocknen für Sträuße und Gestecke. Aussaat ab April direkt ins Freiland, in anderthalbfacher Samenstärke mit Erde bedecken, andrücken und feucht halten.
Sorten 'Ruby Regis', dunkelrosa blühende Sorte mit auffälliger dunkler Aderung, 60 cm, 'Mont Blanc', reinweiß, großblumig, 70 cm, 'Silvercup', reinrosa, blühfreudig, 70 cm, 'Pink Beauty', hellrosa mit dunklerer Aderung, 60 cm, 'Tanagra', rosa mit dunklerer Aderung, 70 cm.

Prachtlobelie
Lobelia speciosa

↑ 40-100 VI/X

Aussehen Wuchs straff aufrecht, einzelne Pflanze nur wenig verzweigt, Laub lanzettlich, dunkelgrün. Zahlreiche Einzelblüten in dichten Blütenkerzen am kräftigen Blütenstängel. Die Blüten öffnen sich nach und nach, dadurch eine lange Blütezeit.
Pflege Benötigt einen Platz im halbschattigen oder sonnigen Bereich, der gut gedüngt (mittlerer bis hoher Nährstoffbedarf) sein sollte. Aussaat unter Glas von Januar bis März für die Blüte im Juli bis Mitte August, Anfang Oktober für die Blüte Ende April.
Sorten 'Fan Serie', als Mischung oder nach Farben sortiert, hochwüchsig bis 90 cm.

Muschelblume
Molucella laevis

↑ 60-80 VII/IX

Aussehen Wuchs straff aufrecht mit kräftigen Blütenstängeln, Laub hellgrün, dreieckig, Ränder zackig eingebuchtet. Die dicht aneinanderliegenden, hellgrünen, glockenförmigen Schaublätter oder trichterförmigen Kelche sind für die Floristik im frischen und getrockneten Zustand wertvoll.
Pflege Wächst in nahrhaftem Boden in sonniger, warmer Lage. Aussaat ins Frühbeet oder ab April direkt ins Freiland. Ab Mitte Mai an Ort und Stelle pflanzen. Erst schneiden, wenn voll aufgeblüht, mit den Stielen nach oben aufhängen. Die Laubblätter zum Trocknen entfernen.

Ziertabak
Nicotiana-Hybriden

↑ 30-60 VII/IX

Aussehen Aufrecht bis buschig wachsend, sternförmig geöffnete Röhrenblüten, die besonders abends und nachts duften, Schmetterlingsweide. Laub mattgrün, breit lanzettlich.
Pflege Liebt humosen Lehmboden, wächst aber in allen Gärten an sonniger Stelle und in leichtem Halbschatten. Benötigt reichlich Nährstoffe für eine lange Blüte. Regelmäßig alles Verblühte abknipsen, ausreichend gießen. Insgesamt pflegeleicht.
Sorten 'Havanna Appleblossom', kompakt, mit zartrosa Blüten, 'Lime Green', außergewöhnliche grüngelbe Blütenfarbe.

Jungfer im Grünen
Nigella damascena

↑ 40-60 VI/IX

Aussehen Wuchs aufrecht verzweigt, Laub zierlich gefiedert, frischgrün. Die Blüten bestehen aus einem Kranz strahlenförmiger Zungenblüten, in der Blütenmitte erheben sich auffällige Staubgefäße, die an Tentakeln erinnern. Samenkapseln dekorativ.
Pflege Pflegeleicht, gedeiht auf allen durchlässigen Böden, bevorzugt warme, geschützte Standorte. Blüht lange und sät sich an zusagender Stelle oft selbst aus. Aussaat von März bis Mai, direkt an Ort und Stelle säen, in mildem Klima auch im September, samendick mit Erde bedecken, andrücken und feucht halten. Die Samenkapseln vor der Samenreife schneiden.

Klatsch-Mohn
Papaver rhoeas

↑ 40-80 VI/VIII

Aussehen Wuchs aufrecht verzweigt, Laub löffelförmig, stark gebuchtet, mittelgrün. Stängel und Laub borstig behaart. Blüten schalenförmig, erinnern an zartes Seidenpapier, einzelne Blüten nicht lange haltbar, es werden aber ständig neue Blüten nachgebildet.
Pflege Gedeiht auf allen durchlässigen Böden, bevorzugt warme, geschützte Standorte. Blüht lange und sät sich an zusagender Stelle oft selbst aus. Aussaat von März bis Mai, direkt an Ort und Stelle säen, in mildem Klima auch im September, samendick mit Erde bedecken, andrücken und feucht halten.

Aufrechte Geranie
Pelargonium zonale

↑ 30-50 V/X

Aussehen Aufrecht buschig, Blüten in dichten Doldentrauben am Ende kräftiger Stängel. Laub mittelgrün bis dunkelgrün, bei manchen Sorten auch mehrfarbig, rau behaart.
Pflege Reichlich gießen, regelmäßig düngen, benötigt reichlich Nährstoffe. Verblühtes regelmäßig entfernen, um neue Blüten anzuregen. Im Herbst vor der Überwinterung die Pflanzen um etwa ein Drittel zurückschneiden, Überwinterung: bei mindestens 3 °C an einem hellen Standort. Insgesamt pflegeleicht.
Weitere Art *Pelargonium-peltatum*-Hybriden mit hängendem Wuchs und glänzendem Laub.

Petunie
Petunia-Hybriden

↑ 25-40 V/IX

Aussehen Wuchs niederliegend, einige Sorten auch kompaktbuschig. Laub oval, dunkelgrün, samtig behaart. Blüten trichterförmig, weit geöffnet, es gibt auch gefüllte Sorten.
Pflege Bevorzugt frischen, nahrhaften Boden, reichlich düngen und gießen, regelmäßig alles Verblühte ausknipsen, um weitere Blütenbildung anzuregen. Besonders die gefüllten Sorten sind empfindlich gegen Regen.
Sorten 'Fantasy-Mischung', kleinblumige Farbmischung in Rot, Rosa und Weiß, besonders für Beete geeignet. 'Surfinia-Serie', Sortengruppe in vielen Farben, kräftiger Wuchs, besonders für Hanging Baskets.

Einjähriger Sonnenhut
Rudbeckia hirta

40-100 VII/X

Aussehen Wuchs aufrecht oder verzweigt, Laub dunkelgrün, spitz eiförmig. An den Stängelenden Strahlenblüten, bei den einfach blühenden Sorten meist mit hängenden Blütenblättern, auch gefüllte Sorten. Wenn viele andere Einjährige ihren Höhepunkt überschritten haben, präsentieren sich die Sonnenhut-Blüten in voller Pracht und halten sich bis zum Frost. Besonders mit Ziergräsern lassen sich wunderschöne Kombinationen erzielen, sowohl in Beeten mit Einjährigen als auch zur Lückenfüllung in Staudenpflanzungen.
Pflege Bevorzugt durchlässigen, nahrhaften Boden ohne Staunässe, benötigt eine ausreichende Wasserversorgung, um lange zuverlässig zu blühen. Verblühtes regelmäßig herausschneiden, um neue Blütenbildung anzuregen. Aussaat ab März auf der Fensterbank oder ins Frühbeet, ab Mai auch noch ins Freiland säen, ca. 3 mm mit Erde bedecken, andrücken und feucht halten. Nach dem Auflaufen frühzeitig pikieren und nach dem Anwachsen hell und luftig weiterkultivieren. Nach den letzten Frösten in Beete und Rabatten auspflanzen. Die Blüten halten sich in der Vase bis zu zwei Wochen, wenn sie voll geöffnet geschnitten werden.

Mehliger Salbei
Salvia farinacea

60 VI/X

Aussehen Wuchs aufrecht verzweigt, Laub und Stängel sehen aus wie mit Mehl bestäubt. Lippenblüten dicht gedrängt in kompakten Kerzen oben am Stängel.
Pflege Gedeiht gut in durchlässigem, nährstoffreichem, leicht kalkhaltigem Boden an sonniger Stelle. Aussaat ab März unter Glas in Schalen, dünn mit Erde bedecken, andrücken und feucht halten. Die Sämlinge in kleine Töpfe pikieren. Damit sich die Pflanze besser verzweigt, aus der Jungpflanze die Spitze ausbrechen.
Sorten 'Victoria', leuchtend blau, 60 cm, 'Strata', azurblau, 40 cm.

Kleinblütige Studentenblume
Tagetes tenuifolia

↑ 15-30 VI/X

Aussehen Buschig, stark verzweigt, kleine einfache Blüten an den Stängelenden, aromatisch duftend! Feines, gefiedertes, hellgrünes Laub. Schön als Füllpflanze zwischen anderen Sommerblumen.

Pflege Bevorzugt durchlässigen, nährstoffreichen Boden und gleichmäßige Feuchtigkeit. Pflegeleicht, lässt sich einfach aus Samen heranziehen: Aussaat in Schalen oder Töpfe, dünn mit Erde bedecken, andrücken und gleichmäßig feucht halten. Ca. 2 Wochen nach Auflaufen in Töpfe oder Schalen pikieren, hell und luftig bei 14–18 °C weiterkultivieren. Nach den letzten Frösten auspflanzen.

Mutterkraut
Tanacetum parthenium

↑ 30-50 VI/IX

Aussehen Wuchs aufrecht, stark verzweigt, Laub dunkelgrün, länglich mit stark gebuchtetem Rand. Blüten zahlreich an den Stängelenden, kleine Margeritenblüten, einige Sorten auch gefüllt. Kurzlebige Staude, die meist einjährig verwendet wird.

Pflege Liebt einen nährstoffreichen, kalkhaltigen, gut durchlüfteten Boden in warmer und sonniger Lage. Nach dem ersten Flor zurückschneiden, um eine zweite Blüte zu erzielen. Aussaat ab März im Frühbeetkasten oder direkt ins Freiland, mit wenig Erde bedecken, andrücken und feucht halten.

Sorten 'Weißer Stern', Blüten knopfartig, kompakt, 30 cm

Fackelblume
Tithonia rotundifolia

↑ 70-120 VII/X

Aussehen Aufrecht bis stark verzweigt, Laub breit eiförmig, mattgrün, rau. Zahlreiche Korbblüten mit kuppelförmiger Mitte.

Pflege Bevorzugt humosen, durchlässigen Boden in warmer, geschützter Lage. Blüht in kalten, nassen Sommern nicht zuverlässig. Regelmäßiges Schneiden von Blütenstängeln regt die weitere Blütenbildung an. Ab März auf der Fensterbank aussäen und dünn mit Erde bedecken. Gleichmäßig feucht halten, nach den Eisheiligen ins Beet setzen.

Sorten 'Goldfinger', 100 cm, Blüten in besonders leuchtendem Orange.

Kapuzinerkresse
Tropaeolum majus

↑ 30-100 VII–X

Aussehen Trompetenblüten in zahlreichen Farben. Buschiger oder auch kriechender Wuchs. Graugrüne, schildförmige Blätter.
Pflege Kapuzinerkresse wächst auf jedem Boden ohne Staunässe. Ein sonniger Standort fördert die reiche Blüte. Kletternde Sorten benötigen eine Kletterhilfe, oder sie entwickeln sich zu Bodendeckern.
Sorten 'Banana Split', hellgelb mit roter Zeichnung, kompakt, 'Juwel Cherry Rose', kirschrot, halbgefüllt, buschig, 'Sangria', dunkelrot, dunkles Laub, buschig, 'Rankende Mischung', verschiedene Orangetöne, rankend.

Argentinisches Eisenkraut
Verbena bonariensis

↑ 70-130 VII–X

Aussehen Wuchs sparrig verzeigt, mit graugrünen, drahtigen Stängeln. Laub lanzettlich, mattgrün. Blüten in flachen Dolden an den Stängelenden. Diese Verbene ist ein Dauerblüher als Lückenfüller für das Staudenbeet.
Pflege Der Boden sollte gut durchlässig und eher trocken sein; winterhart bis ca. – 12 °C, erhält sich aber durch Selbstaussaat, ohne lästig zu werden. Aussaat ab April ins Frühbeet, ab Mai ins Freie auspflanzen.

Zinnie
Zinnia elegans

↑ 10-50 VI–IX

Aussehen einfache oder gefüllte Strahlenblüten auf kräftigen Stängeln. Laub lanzettlich, dunkelgrün. Einfach zu kultivierende Sommerblumen für Beete, niedrige Sorten auch für Balkonkästen. Die Blütenstängel halten sich lange in der Vase.
Pflege Bevorzugt nicht zu nahrhaften, durchlässigen Boden und eine möglichst gleichmäßige Bodenfeuchte. Zinnien können ab April im Freiland ausgesät werden.
Sorten 'Profusion Cherry', kirschrot, guter verzweigter Wuchs, 'Kleinblumige Mischung', gefüllte Blüten, auch für den Schnitt geeignet; 'Zowie', zweifarbige Blüten in rot-gelb; gute Schnittblume, 50 cm.

Arbeitskalender

Wann wird gesät und wann gepflanzt? Was mache ich wann im Blumengarten? Die folgende Übersicht zeigt Ihnen, welche Tätigkeiten von Januar bis Dezember anfallen. Je nach Region und Witterung können sich die Arbeiten natürlich auch um die eine oder andere Woche verschieben.

Januar/Februar

Aussaat/Vermehrung

- Frostkeimer (z.B. alle Eisenhüte) in Schalen säen und ins Freie stellen. Erst nachdem sie einige Zeit kalten Temperaturen ausgesetzt waren, beginnen sie zu keimen.
- Die Mehrzahl der Ziersträucher, wie Forsythie, Zaubernuss oder Haselnuss, lassen sich in den Wintermonaten durch Steckhölzer vermehren. Man schneidet 25 cm lange mit kräftigen Knospen versehene Hölzer, bündelt sie und schlägt sie bis zum Frühjahr in feuchten Sand ein.
- Sommerblumen, die sich langsam entwickeln, werden ab Februar auf der hellen Fensterbank oder im geheizten Gewächshaus ausgesät. Zu dieser Gruppe gehören beispielsweise Löwenmäulchen, Fleißiges Lieschen und Geranien.
- Verwenden Sie zum Anziehen von Blumen nur spezielle Aussaaterden. Entsprechend gekennzeichnete Substrate sind nährstoffarm und halten die nötige Feuchtigkeit gut, ohne gleich zu vernässen.

Stauden und Sommerblumen

- Koniferen sollten Sie in jedem Fall nach Dauerschneefall von der Last befreien, da sonst die Gefahr des Zweigbruchs besteht.
- Manchen Immergrünen wie Rhododendron und Kirschlorbeer setzt weniger die Kälte als vielmehr der häufige Wechsel von Wintersonne und darauf folgenden Nachtfrösten zu. An sonnigen Standorten werden sie am besten mit Gewebematten oder Fichtenzweigen schattiert.
- Im Herbst gepflanzte Bäume und Sträucher bei frostfreiem und trockenem Wetter mit Wasser versorgen. Wenn noch nicht geschehen, schützen sie insbesondere die Immergrünen vor der Wintersonne, vornehmlich an sonnenexponierten Standorten.
- Sträucher, die zu groß geworden sind oder besser an einen anderen Standort passen, lassen sich auch nach einigen Jahren noch verpflanzen. Das geschieht am besten bei frostfreiem Boden in der Vegetationsruhe, bevor die Gehölze im März/April wieder austreiben. Immergrüne Sträucher sollten in frostfreien Perioden und bei geringen Niederschlägen regelmäßig gegossen werden. Bei starker Wintersonne zusätzlich mit Vlies, Jute oder Bast abdecken, um Blattschäden zu vermeiden.

Pflege

- Im Staudenbeet werden vorjährige Stängel und Laub zurück geschnitten, soweit dies nicht schon im Spätherbst geschehen ist. Viele Samenstände und Halme von Gräsern sind auch im Winter ausgesprochen dekorativ und geben den Pflanzen zusätzlich Schutz in der kalten Jahreszeit. Nun werden sie aber allmählich unansehnlich und können entfernt werden.

März/April

Allgemeine Arbeiten

- Mulchdecken werden auf noch leeren Beeten, ebenso zwischen Stauden entfernt. Das dient nicht nur der Bodenerwärmung, sondern beugt auch Schneckenplagen vor.
- Wo keine stärkeren Fröste mehr zu erwarten sind, werden jetzt nach und nach wieder Zapfstellen, Brunnen und Pumpen sowie Regentonnen in Betrieb genommen.

Aussaat/Vermehrung

- Empfindliche Sommerblumen für Beete und Balkonkästen und Kästen werden auf der Fensterbank oder im Wintergarten, etwas robustere auch im Frühbeet oder im Folientunnel ausgesät und vorkultiviert. Robuste Sommerblumen, die sich schlecht pikieren und verpflanzen lassen, können Sie ab Mitte März an Ort und Stelle aussäen.
- Im Haus vorgezogene Stockmalven können Sie Mitte Mai gut entwickelte Pflanzen setzen, die noch dieses Jahr blühen. Im Sommer gesäte Stockmalven kommen erst im darauf folgenden Jahr zur Blüte.
- Einige Sommerblumen können ab April direkt ins Beet gesät werden: Kornblumen, Strohblumen, Bechermalve, Kosmeen, Sonnenblumen sowie Ringelblumen.

Stauden und Sommerblumen

- Bei mildem Wetter können Sie bereits Anfang März die Gelegenheit nutzen, einige Gartenstauden zu verjüngen. Astern, Chrysanthemen, Katzenminze, Nachtkerzen, Sonnenhut und Phlox sollten nach 5–6 Jahren umgepflanzt und geteilt werden, damit sie weiterhin reich blühen.
- Damit frühlingsblühende Zwiebelblumen wie Tulpen und Narzissen ihre Blüten ungehindert entfalten können, sollten Sie auch die Staudenbeete von abgestorbenen Pflanzenteilen und Laub befreien.
- Staudenbeete, in denen noch nicht viel zu sehen ist, können Sie durch das Einpflanzen von blühenden Zwiebelblumen aufpeppen.
- Noch können viele Stauden geteilt und verpflanzt werden, in erster Linie die Herbstblüher und mehrjährige Gräser.
- Nach Blüte und Einziehen der oberirdischen Pflanzenteile lassen sich frühe Krokusse und Winterlinge durch Teilung der Knollen bzw. Knollenklumpen vermehren. Wichtig: Sofort wieder einpflanzen.

Gehölze und Rosen

- Rosen abhäufeln, von abgestorbenen Trieben befreien und je nach Sorte und Triebstärke auf 2–5 Augen zurückschneiden.
- Ziersträucher auslichten, Sommerflieder und Sommerspierstrauch kann man noch kräftig zurückschneiden.
- Im März ist ein guter Termin für die Rosenpflanzung. Vorher sollten die Pflanzen jedoch wenigstens 12 Stunden in einem Wasserbad stehen, sofern nicht Containerware gekauft wurde.

Mai/Juni

Allgemeine Arbeiten

- Unter den Polstern von Steingartenpflanzen und zwischen Stauden verkriechen sich gerne Schnecken. Daher sollten Sie hier regelmäßig kontrollieren und die Schnecken absammeln.
- Stängel und Blätter von Tulpen und Narzissen müssen nach der Blüte so lange stehen bleiben, bis sie vergilbt sind.

Säen und Pflanzen

- Zweijährige wie Goldlack, Marienglockenblumen und Vergissmeinnicht aussäen, damit diese im nächsten Jahr zuverlässig zur Blüte kommen. Robuste Arten wie Bartnelke und Stockrose können ab Ende Mai direkt ins Freiland gesät werden.

Stauden und Sommerblumen

- Nicht nur Balkonblumen, auch vorgezogene Gartenblumen und Stauden stellt man jetzt öfter mal nach draußen, um sie abzuhärten.
- Austreibende Stauden sparsam düngen. Hoch wachsende Arten eventuell stützen, entweder mit speziellen Staudenhaltern oder durch Anbinden an stabile Stäbe.
- Abgeblühte Polster der Gänsekresse kann man bis um die Hälfte zurückschneiden, ebenso verfährt man mit Polsterphlox.
- Wenn Sie regelmäßig Verwelktes entfernen, blühen Stauden und Sommerblumen meist umso reicher nach.
- Durch leichtes Zurückschneiden der Triebe lassen sich mehrjährige Gartenchrysanthemen zu kräftigerem Wuchs anregen.
- Sommerblühende Zwiebel- und Knollenpflanzen kommen Anfang bis Mitte Mai in die Erde.

Gehölze und Rosen

- Halten Sie bei älteren Rosen Ausschau nach Wildtrieben, die unterhalb der Veredelungsstelle herauswachsen. Graben Sie vorsichtig die Erde auf entfernen Sie die Triebe direkt an ihrer Ansatzstelle.
- Brechen oder schneiden Sie bei Rhododendren regelmäßig alles Verblühte aus. Vorsicht, die neuen Knospen sitzen direkt unter dem verwelkten Blütenstand und dürfen nicht verletzt werden.
- Ende Juni ist der ideale Zeitpunkt für den Schnitt von Formgehölzen wie Buchsbaum. Sie treiben noch einmal richtig durch.
- Bei Kletterrosen neue Langtriebe aufbinden. Eine Gabe Volldünger fördert die Blütenbildung. Bei öfterblühenden Rosen Verblühtes immer abschneiden, nur so blühen sie kontinuierlich.
- Der Moniliapilz kann nicht nur bei Obstgehölzen, sondern auch beim Mandelbäumchen die gefürchtete Spitzendürre hervorrufen. Gelegentlich befällt er zudem Forsythien und Zierquitten. Auch hier schneidet man welkende und abgestorbene Spitzen 10–20 cm tief ins gesunde Holz zurück.

Juli/August

Aussaat und Vermehrung

- Anfang bis Mitte des Monats ist Hauptsaatzeit für zweijährige Sommerblumen wie Vergissmeinnicht, Stiefmütterchen, Maßliebchen, Goldlack, Marienglockenblumen und Stockmalven. Man zieht sie am besten im Frühbeet oder Töpfen bzw. Schalen mit Aussaaterde vor.
- Anfang Juli kann man von älteren Herbstzeitlosen vorsichtig Brutknöllchen für die Vermehrung abtrennen. Sie werden dann trocken gelagert und im Spätsommer eingepflanzt.
- Wer Zweijährige in Schalen ausgesät hat, sollte jetzt das Pikieren nicht vergessen, bei Aussaat in Freilandbeete wird vereinzelt. In Gegenden mit kalten Wintern pikiert man Maßliebchen in Töpfe, um sie später geschützt zu überwintern, wie es generell auch bei Goldlack üblich ist.

Stauden und Sommerblumen

- Spätestens jetzt sollten hoch wachsende Stauden an Stäben aufgebunden oder mit Stützringen versehen werden. Büsche von Phlox, Sonnenhut und Gartenchrysanthemen z. B. neigen stark zum Auseinanderfallen.
- Möglichst früh werden die die Zwiebeln der Kaiserkrone gepflanzt. Sie kommen Ende Juli oder Anfang August 20 bis 25 cm tief in die Erde.
- Viele Sommerblumen im Beet wachsen und blühen jetzt noch kräftig bis in den Herbst hinein, was man durch gezielte Düngergaben unterstützen sollte.
- Bereits abgeblühte Stauden können geteilt und neu ausgepflanzt werden. Bei vielen Prachtstauden sollte dies alle 34 Jahre geschehen, da sonst die Blühleistung nachlässt. Nach wie vor gilt: Verblühtes regelmäßig entfernen, bei Trockenheit wässern und bei Bedarf düngen.

Gehölze und Rosen

- Magnolien und Rhododendren in Trockenzeiten gut wässern, auch wenn sie jetzt nicht mehr im Rampenlicht stehen.
- Bei allen öfterblühenden Rosen regelmäßig alles Verblühte entfernen, um den nächsten Flor zu fördern. Schneiden Sie die welken Blüten mitsamt den beiden darunter befindlichen Blättern weg.
- Einmalblühende Kletterrosen schneidet man direkt nach der Blüte, wobei auch alle verwelkten Blütenstände entfernt werden. Bilden die Sorten jedoch schöne Hagebutten aus, wird erst im Frühjahr geschnitten.
- Deutzien und Weigelien werden nach der Blüte am besten jährlich ausgelichtet und von alten Ästen befreit. So bleiben die Sträucher ansehnlich.
- Rhododendren werden an heißen Tagen nochmals kräftig gegossen, das fördert die Blütenbildung fürs nächste Jahr.
- Für Clematis ist der August der beste Pflanzmonat.
- Rosen werden ab Juli nicht mehr gedüngt, denn darunter würde ihre Winterhärte leiden.

September/Oktober

Allgemeine Arbeiten

- Wollen Sie im kommenden Jahr größere Pflanzflächen für Beete anlegen, sollten sie den Boden schon jetzt umgraben. Der Frost zerkleinert die groben Schollen, bis zum Frühjahr haben Sie dann schon relativ feinkrümeligen Boden. Tipp: Rasensoden können Sie über den Winter einfach zu einem Hügel aufschichten, so entsteht rasch wertvolle, humusreiche Erde, die im Frühjahr untergemischt werden kann.

Aussaat/Vermehrung

- Sommerblumen bauen allmählich ab und können entfernt werden, falls Sie nicht Saatgut ernten möchten für das nächste Jahr.
- Die Saat an trockener und dunkler Stelle gut trocknen lassen und danach an einem trockenen dunklen Ort im Haus aufbewahren, am besten in Papiertüten.
- Im Sommer gesäte Zweijährige werden an ihren endgültigen Platz gepflanzt und blühen je nach Art im kommenden Frühling oder Frühsommer.

Stauden und Sommerblumen

- Jetzt ist die beste Pflanzzeit für Stauden. Der Boden ist noch warm, wodurch schnell neue Wurzeln gebildet werden. So sind die Pflanzen gut angewurzelt bevor die Temperaturen sinken. Stauden, die zu groß geworden sind oder von der Mitte her verkahlen, werden ausgegraben, geteilt und neu eingepflanzt.
- Beginnen Sie mit der Pflanzung frühjahrsblühender Blumenzwiebeln. Für die verschiedenen Arten findet sich überall noch Platz: Im Beet zwischen Stauden, unter Gehölzen oder auch in großen Gruppen im Rasen.
- Blumenwiesen, die im Juli geschnitten wurden, können nun noch einen zweiten Schnitt vertragen, wenn es nötig ist.
- Binden Sie üppige Herbststauden auf bzw. zusammen, falls Sie noch nicht dazukamen, und entfernen Sie weiterhin Verblühtes.
- Frühjahrs- und sommerblühende Stauden können Sie jetzt pflanzen. Auch Zwiebeln sollten jetzt in den Boden.
- Nicht winterharte Knollen (Gladiolen, Dahlien, Begonien u.a.) müssen vor dem ersten Frost ausgegraben werden. Die Knollen trocknen lassen und frostfrei überwintern.
- Schneiden Sie verblühte Stauden bodennah zurück. Herbstlaub können Sie als Winterschutz verwenden.

Gehölze und Rosen

- Jetzt sind die Zikaden unterwegs, die die gefürchtete Knospenbräune an Rhododendren übertragen. Sie lassen sich mit gelben Leimtafeln bekämpfen.
- Edel-, Beet- und Zwergrosen werden mit Boden, Lauberde oder Kompost angehäufelt. In Gegenden mit kalten Windenwerden Rosen mit Reisig abgedeckt.

November/Dezember

Allgemeine Arbeiten

- Falllaub lässt sich gut kompostieren. Unter großen Bäumen sollte das Laub, genauso wie in der Natur, liegen bleiben. Die Natur löst das selbst, und im nächsten Frühjahr ist wieder alles weg. Belassen Sie auch einen Laubhaufen in einer weniger genutzten Ecke des Gartens. Sie dient Nützlingen als Winterunterschlupf.

Stauden und Zwiebelblumen

- Bis Ende November können noch Blumenzwiebeln für das Frühjahr gepflanzt werden, Herbstblüher wie Astern und Herbstchysanthemen werden nach der Blüte nicht zurückgeschnitten. Ihre verbliebenen Stängel sind ein guter Winterschutz.
- Empfindliche Gräser wie Pampasgras werden im oberen Drittel zu einem Schopf zusammengebunden, damit die Niederschläge nicht so leicht ins Innere vordringen und zu Fäulnis führen.
- Mediterrane und neu gepflanzte Stauden sollten Sie durch eine Laubdecke schützen. Zusätzlich aufgelegtes Nadelreisig verhindert, dass die Laubedecke bei Wind fortgeweht wird.
- Samenbildende Blumen können Sie den Winter über stehen lassen. Sie sehen bei Reifbildung sehr schön aus und dienen im Winter den Singvögeln als Nahrung. Geeignet sind für Vögel beispielsweise Sonnenblumen, Strohblumen, Kapuzinerkresse, Bechermalven und Ringelblumen.
- Zweijährige Blumen, frisch gepflanzte Stauden und andere frostempfindliche Pflanzen überstehen starke Fröste besser, wenn sie mit Tannenreisig abgedeckt werden.

Gehölze und Rosen

- So spät wie möglich, auf jeden Fall aber vor dem ersten Frost, sollten Rosen Winterschutz erhalten. Häufeln Sie den Wurzelbereich 15–20 cm hoch mit lockerem Mutterboden an. Sie können auch Häckselgut, Laubkompost und Stallmist untermischen. Eine zusätzliche Decke aus Nadelreisig schütz besonders empfindliche Sorten.
- Kletterosen sind für eine Anbringung von reichlich Nadelreisig auch zwischen den Trieben dankbar.
- Kletterpflanzen am Spalier vor einer Hauswand bieten im Winter Schutz für viele Tiere. Sowohl nützliche Insekten als auch Vögel nutzen gern diese geschützten Plätze, aber auch Fledermäuse finden hier einen Überwinterungsplatz.
- Säulenförmige Nadelgehölze können von aufliegenden Schneeschichten auseinander gedrückt werden, verlieren so dauerhaft an Zierwert oder brechen gar. Binden Sie deshalb die Gehölze zusammen und entfernen Sie die Schneelast rechtzeitig!

Pflanzenliebhaber-gesellschaften

Deutsche Kamelien-Gesellschaft e.V.
Arndtstr. 1A
52064 Aachen

Deutsche Citrus-Gesellschaft
c/o Peter Klock
Stutsmoor 42
22607 Hamburg

Deutsche Efeu-Gesellschaft
c/o Robert Krebs
Hauptstr. 48
24890 Stolk

Deutsche Fuchsien-Gesellschaft e.V.
c/o Renate Ripke
Linnenkämper Str. 10
37627 Stadtoldendorf
www.deutsche-fuchsien-ges.de

Internationale Clematis-Gesellschaft
Horst Weihrauch ICIS
Auf dem Brink 19
59077 Hamm

Gesellschaft der Wasser-gartenfreunde
c/o Herbert Bollerhey
Eichenberger Str. 19
34233 Fuldatal-Rothwesten

Deutsche Dahlien-, Fuchsien- und Gladiolen-Gesellschaft
c/o Bettina Verbeek
Maasstr. 153
47608 Geldern-Walbeck
www.ddfgg.de

Europäische Buchs-baum- und Formschnitt-Gesellschaft
c/o Raphael Witte
Oberstr. 36
52349 Düren

Europäische Bambus-Gesellschaft
c/o Edeltraud Weber
John-Wesley-Str. 4
63584 Gründau 2 Rbn.

Gesellschaft der Staudenfreunde
Geschäftsstelle
Neubergstr. 11
77955 Ettenheim
www.gds-staudenfreunde.de

Verein Deutscher Rosenfreunde
Waldseestraße 14
76530 Baden-Baden
www.rosenfreunde.de

European Palm-Society
c/o Tobias W. Spanner
Tizianstr. 44
80638 München
www.palmsociety.org

Bezugsquellen

Clematis

F.M. Westphal
Clematiskulturen
Peiner Hof 7
25497 Prisdorf
www.clematis-westphal.de

Kübelpflanzen

Flora Toskana
Schillerstr. 25
89278 Nersingen OT Straß
www.flora-toskana.de

Flora Mediterranea
Königsgütler 5
84072 Au/Hallertau
www.flora-mediterranea.de

Rosen

Rosen Jensen-Lützow GmbH
Am Schlosspark 2b
24960 Glücksburg
www.rosen-jensen.de

BKN Strobel
über Rosarot Pflanzen-versand erd Hartung
Besenbek 4 B
25335 Raa-Besenbek
www.rosenversand24.de

W. Kordes' Söhne Rosen-schulen GmbH & Co.KG
Rosenstraße 54
25365 Klein Offenseth-Sparrieshoop
www.gartenrosen.de

Rosen Tantau Vertrieb GmbH & Co.KG
Tornescher Weg 13
25436 Uetersen
www.rosen-tantau.com

Noack Rosen
Baum- und Rosenschulen
Im Fenne 54
33334 Gütersloh
www.noack-rosen.de

Rosenhof Schultheis
Bad Nauheimer Str. 3–7
61231 Bad Nauheim-Steinfurth
www.rosenhof-schultheis.de

Rosen-Union eG.
Steinfurther Hauptstr. 27
61231 Bad Nauheim-Steinfurth
www.rosen-union.de

Lacon GmbH
J.-S.-Piazolo Straße 4°
68766 Hockenheim
www.lacon-rosen.de

David Austin Roses Ltd
Bowling Green Lane
Albrighton
Wolverhampton WV7 3 HB
Großbritannien
www.davidaustinroses.com

Stauden

Kräuter- und Stauden-
gärtnerei Mann
Schönbacherstr. 25
02708 Lawalde
www.pflanzenreich.com

Alpine Staudengärtnerei
Siegfried Geißler
OT Gorschmitz Nr. 14
04703 Leisnig / Sachsen
www.alpinergarten.de

Staudengärtnerei
Alpine Raritäten
Auf dem Flidd 20
25436 Uetersen
www.alpine-peters.de

Staudengärtnerei
Ernst Pagels
Deichstraße 4
26789 Leer

Staudengärtnerei Klose
Rosenstr. 10
34253 Lohfelden/Kassel
www.staudengaertner-
klose.de

Stauden & Gartenkultur
Arends Maubach
Monschaustr. 76
42369 Wuppertal-Ronsdorf
www.arends-maubach.de

Kayser & Seibert
Wilhelm-Leuschner-Str. 85
64380 Rossdorf
www.kayserundseibert.de

Staudengärtnerei
Gräfin von Zeppelin
Weinstr. 2
79295 Sulzburg-Laufen
www.graefin-v-zeppelin.com

Staudengärtnerei
Gaissmayer
Jungviehweide 3
89257 Illertissen
www.staudengaissmayer.de

Staudengärtnerei Sarastro
A-4974 Ort im Innkreis 131
Österreich
www.sarastro-stauden.com

Zwiebelblumen

Albert Treppens & Co
Samen GmbH
Berliner Str. 84–88
14169 Berlin-Zehlendorf
www.treppens.de

Küpper Blumenzwiebeln &
Saaten GmbH
Postfach 1468
37254 Eschwege
www.kuepper-bulbs.de

Horst Gewiehs GmbH
Italienischer Weg 1
37287 Wehretal
www.gewiehs-
blumenzwiebeln.de

Zwiebelgarten
Reinhold Krämer
Waldstetter Gasse 4
73525 Schwäbisch Gmünd
www.zwiebelgarten.de

Blumenzwiebelversand
Bernd Schober
Stätzlinger Str. 94 A
86165 Augsburg
www.der-
blumenzwiebelversand.de

Kräuter

Die Kräuterei
Alexanderstraße 29
26121 Oldenburg
www.kraeuterei.de

Rühlemanns Kräuter u.
Duftpflanzen
Auf dem Berg 2
27367 Horstedt
www.ruehlemanns.de

Kräuterey Lützel
Im Stillen Winkel 5
57271 Hilchenbach
www.kraeuterey.de

Syringa Duft- und Würz-
kräuter
Bachstraße 7
78247 Hilzingen-Binningen
www.syringa-samen.de

Blumenschule Rainer Engler
Augsburger Straße 62
86956 Schongau
www.blumenschule.de

Kräuter im Brunnenhof
Kornstraße 61
88370 Ebenweiler
www.brunnenhof-kraeuter-
und-mehr.de

Raritätengärtnerei Treml
Eckerstraße 32
93471 Arnbruck
www.pflanzentreml.de

Register

Mit 290 Abbildungen

Vorsatz AT, 3 o alle 3 GS, 3 u RTF/Hans Reinhard, 4 RTF/Hans Reinhard, 5 beide RTF/Hans Reinhard, 6 WR, 7 beide AT, 8 Nils, 9 AT, 10 RTF/Hans Reinhard, 11 beide FS, 12 RTF/Hans Reinhard, 13 beide RTF/Hans Reinhard, 14 RTF/Hans Reinhard, 15 li RTF/Hans Reinhard, 15 re FS, 16 RTF/Hans Reinhard, 17 beide RTF/Hans Reinhard, 18 beide RTF/Hans Reinhard, 19 RTF/Hans Reinhard, 20 li RTF/Hans Reinhard, 20 re GBA/GPL, 21 GF, 22 FS, 24 FS, 25 FP, 26 beide FS, 27 beide FS, 28 alle 3 GS, 29 oben alle 3 GS, 30 u FP, 30 RTF/Hans Reinhard, 32 li WR, 32 re FS, 33 GS, 34 o li GS, 34 u li GS, 34 o re WR, 35 GS, 36 KA, 37 BIOS/FP, 38 o GBA/GPL, 38 u GBA/Bolton, 39 alle 5 GS, 40 BIOS/FP, 41 alle 5 BIOS/FP, 42 BIOS/FP, 44 FS, 45 alle 3 Kosmos/Lang, 46 FS, 47 alle 6 Kosmos/Lang, 48 FS, 49 alle 6 Kosmos/Lang, 50 , 51 alle 6 Kosmos/Lünser, 52 GBA/GPL, 53 alle 6 Kosmos/Lünser, 55 o GS, 55 Mi FS, 55 li FS, 56 li AV, 56 re Katharina Adams, 57 FS, 59 AV, 60 AV, 62 AV, 63 oben alle 3 GS, 63 u GF, 64 alle 3 GS, 65 alle 3 GS, 66 alle 3 GS, 67 alle 3 GS, 68 alle 3 GS, 69 li FP, 69 Mi GS, 69 re GS, 70 li FP, 70 re GS, 71 re FS, 71 Mi GS, 71 re GS, 72 alle 3 GS, 73 li GS, 73 Mi FP, 73 re GS, 74 alle 3 GS, 75 beide GS, 76 beide GS, 77 alle 3 GS, 78 li GS, 78 Mi GS, 78 re FP, 79 li FP, 79 Mi GS, 79 re GS, 80 beide GS, 81 alle 3 GS, 82 li GS, 82 Mi GS, 82 re FP, 83 li GS, 83 Mi GS, 83 re FS, 84 alle 3 GS, 85 beide GS, 86 li GS, 86 Mi GS, 86 re FS, 87 li Herwig, 87 Mi GS, 87 re GS, 88 alle 3 GS, 89 alle 3 GS, 90 li GS, 90 Mi Jerzy Opiola, 90 re Herwig, 91 li GS, 91 Mi GS, 91 re FP, 92 li GS, 92 Mi GS, 92 re FP, 93 alle 3 GS, 94 alle 3 GS, 95 beide GS, 96 o Kordes, 96 u li GS, 96 u re GS, 97 alle 3 GS, 98 o GS, 98 u li GS, 98 u re Christian Schultheis, 99 alle 3 GS, 100 alle 3 GS, 101 alle 3 GS, 102 alle 3 Floradania, 103 o GS, 103 u RS, 104 li FP, 104 Mi GS, 104 re GS, 105 alle 3 GS, 106 alle 3 GS, 107 alle 3 GS, 108 alle 3 GS, 109 alle 3 GS, 110 li FP, 110 Mi GS, 110 re GS, 111 alle 3 GS, 112 alle 3 GS, 113 alle 3 GS, 114 alle 3 GS, 115 li Vladimir Kosolapov, 115 Mi GS, 115 re GS, 116 beide GS, 117 alle 3 GS, 118 mi GS, 118 re GS, 118 li FS, 119 li FP, 119 Mi GS, 119 re FS, 120 alle 3 GS, 121 beide GS, 122 alle 3 GS, 123 alle 3 GS, 124 beide GS, 124 GS, 125 alle 3 GS, 126 re FP, 126 li GS, 126 mi GS, 127 u FP, 127 o alle 3 GS

Abkürzungen:
o = oben, u = unten, Mi = Mitte, li = links, re = rechts
AT = Annette Timmermann, AV = Andreas Vietmeier, Münster, Kalübbe, FS = Friedrich Strauß, Au/Hallertau, FP = Flora Press Ageny Hamburg; GBA/GPL = Gartenbildagentur, Au/Hallertau, GF = Gartenfoto.at/Alice Thinschmidt & Daniel Böswirth, GS = Gartenschatz, Stuttgart, KA = Katharina Adams, Linnich, RS = Roland Spohn, RTF = Reinhard Tierfoto, Heiligkreuzsteinach/Eiterbach, WR = Wolfgang Redeleit, Bienenbüttel

Umschlaggestaltung von Lars Weigelt, Walzbachtal, unter Verwendung von Fotos von photolibrary/Lynn Caddie (unten) und Gartenschatz, Stuttgart (oben)

Unser gesamtes lieferbares Programm und viele weitere Informationen zu unseren Büchern, Spielen, Experimentierkästen, DVDs, Autoren und Aktivitäten finden Sie unter www.kosmos.de

Gedruckt auf chlorfrei gebleichtem Papier.

FSC Mixed Sources
Product group from well-managed forests and other controlled sources
www.fsc.org Cert no. SA-COC-001895
© 1996 Forest Stewardship Council

1. Auflage

ISBN 978-3-440-12186-3
Grundlayout: Atelier Reichert, Stuttgart
Lektorat: Anne Kuhn, Ludwigsburg
Produktion: Kullmann & Partner GbR, Stuttgart
Printed in Italy / Imprimé en Italie

Alle Angaben in diesem Buch sind sorgfältig geprüft und geben den neuesten Wissensstand bei der Veröffentlichung wieder. Da sich das Wissen aber laufend in rascher Folge weiterentwickelt und vergrößert, muss jeder Anwender prüfen, ob die Angaben nicht durch neuere Erkenntnisse überholt sind. Dazu muss er zum Beispiel Beipackzettel zu Dünge-, Pflanzenschutz- bzw. Pflanzenpflegemitteln lesen und genau befolgen sowie Gebrauchsanweisungen und Gesetze beachten.